PRENONS NOTRE VIE EN MAIN

PRENONS NOTRE VIE EN MAIN

Cinq romans en français intermédiaire pour réfléchir aux conduites à risque des jeunes adultes

Myriam Marc-Germain

HUFS BOOKS

Éditions de l'Université Hankuk des Études Étrangères
- 270 Imun-dong, Dongdaemun-gu, Séoul 130-791

Les éditions **de l'Université Hankuk des Études Étrangères** se donnent un objectif d'excellence, pour ses recherches, son éducation dans cette université en publiant des ouvrages en Corée.

Éditions de l'Université Hankuk des Études Étrangères 2012
Première publication 2012

ISBN 978-89-7464-709-4 13760

Imprimé en Corée

Avant propos

Apprendre la langue de Molière en s'amusant, en s'instruisant, en s'enrichissant humainement sont des gages de réussites permanents, que permettent bon nombre de manuels et ouvrages, mais aussi des immersions, des voyages et séjours en France.

Il nous apparait en outre, que découvrir le quotidien de la jeunesse – la majorité des apprenants en français - à travers le regard de ses congénères, semble plus difficile d'accès, plus insolite.

Pourtant un jeune homme, une jeune femme apprenant le français restent des jeunes avant tout, en proie aux mêmes risques, aux mêmes souffrances qu'ils habitent Chicago, Moscou, Bombay ou Séoul.

Alors si sensibiliser les jeunes aux conduites à risque tout en apprenant le français, peut sembler être une gageure, c'est prendre le pari d'un apprentissage différent, d'un apprentissage langagier quotidien, celui qui leur ressemble, à la découverte de cinq thèmes et romans distincts :

Intolérance : le racisme
Fuite en avant : la drogue
Insouciance : le sida
Violence à l'école : le racket
Souffrance cachée : le suicide

Nous proposons ainsi un support en langue française – l'histoire d'un jeune en prise avec l'une de ces conduites à risque - suivi d'un guide thématique pour lancer la discussion, inciter à la réflexion, partager, grandir.
Le public concerné fait appel soit aux grands adolescents, soit aux jeunes adultes, périodes les plus vulnérables et en même temps les plus à l'écoute.
Ces jeunes doivent être préparés, par leurs enseignants avant de lire chacun de ces romans.

Les objectifs :

- Familiariser les jeunes « apprenants » à des supports français différents, qui leur ressemblent.
- Proposer un support pédagogique aux enseignants linguistiques de FLE, mais aussi enseignants de conversation et de FOS.
- Etudier le français autrement, dans une démarche active : ces romans doivent provoquer des réactions émotionnelles chez les jeunes, en les incitant à parler, débattre dans une autre langue tout en réfléchissant à leur propre conduite, leur propre vie.
- Créer une synergie autour de thèmes sensibles à l'éducation des jeunes.
- Rassembler des jeunes autour de sujets les concernant.
- Etudier des problématiques universelles, à travers des romans en langue étrangère et faire réfléchir…

Rendre les jeunes citoyens acteurs de leur propre vie… en français !

Remerciements

Je dédie cet ouvrage à tous les jeunes étudiants coréens, russes, suédois et français que j'ai eus en cours ainsi qu'aux amis de mes enfants dont les joies, peines, souffrances et questions ont inspiré ces petites histoires et aidé à leur mise en œuvre. J'espère qu'il apportera quelques réponses aux uns et aux autres, ainsi qu'aux adultes, parents et enseignants qui les entourent.

Je remercie Nils Germain étudiant à l'institut d'Art et Design PADI de Séoul pour sa gracieuse contribution à l'illustration de la couverture et du livre.

Enfin, je porte une attention particulière à Shiheyeon Pak, chef du département de français de l'Université Hankuk des Études Étrangères qui a cru en la pertinence du projet, l'a encouragé, accompagné jusqu'à son édition.

Que tous soient ici chaleureusement remerciés...

Myriam Marc-Germain

Table des Matières

Aimez- moi...

Que tu aies 17 ou 22 ans
La question du sida ne peut te laisser indifférent...

1- **Un mal dangereux : le Sida**
2- **Guide linguistique**
3- **Guide documentaire**

1 Un mal dangereux : le sida

Je vis tranquillement avec mes parents et mon frère dans une petite ville de la province*. Je suis en première au lycée et mène une scolarité sans histoire. Je ne fais partie d'aucune bande mais je suis la « bonne copine » de tout le monde et on aime venir me confier* ses secrets, ses petites histoires.
Je n'ai pas encore de petit-ami* et il me tarde* d'en avoir un, comme tout le monde.
Mais je ne me sens pas très bien dans ma peau, j'ai un peu de mal à bien assumer* les changements de mon corps, l'arrivée de ce qu'on appelle la puberté* ...
Alors, je me sens un peu complexée* car je n'ai pas encore tout comme tout le monde, enfin ... comme mes copines. J'ai du retard *.
J'ai l'impression que les garçons ne me regardent pas comme une jeune fille, mais comme l'intello* de la classe, la super copine et c'est tout.
Il se trouve que j'en ai marre d'être la bonne copine... et que cela !
Cela m'irrite et me rend quelque peu aigrie * et agressive avec mon entourage proche comme mes parents ou mon frère qui sont peut-être un peu mes souffre-douleur*.
Mais ils pourraient me comprendre... et m'aimer un peu plus.

La révolte quotidienne …

Maman et moi, nous nous sommes encore disputées toute la journée et elle s'est permise de prendre la clé de ma chambre pour que je ne puisse plus m'enfermer quand elle m'énervait trop.
Je ne sais même plus d'où est parti l'énervement, mais voilà c'est arrivé et j'ai été horrible avec elle, je lui ai dit des choses terribles. Elle est folle de rage car elle ne supporte plus que je lui parle aussi mal.
Je veux sortir ce soir car c'est samedi et il y a un anniversaire chez un ami.
Maman ne veut pas car elle estime que je sors trop souvent.
Je lui dis qu'effectivement je sors très souvent mais comme j'ai toujours de bonnes notes au lycée, alors je ne comprends pas cette interdiction.
Elle dit « C'est comme ça et c'est tout »
C'est le genre de réponse que je ne peux pas supporter…
Je lui lance « Comme d'habitude quand tu ne sais plus quoi me dire… tu sors cet argument… c'est nul ! * »
« Salomé, tu n'as pas le droit de me parler ainsi… » hurle maman.
« Je parle comme je veux et tu ne m'en empêcheras pas » me suis-je entendu lui répondre…
« Arrête, tout de suite, ou … » crie maman de plus en plus énervée.
« Ou quoi ? Vas-y dis-le … ou tu m'envoies en pension ?* Je sais, ça fait des années que tu me menaces ainsi… et toujours rien … On la connaît ta chanson… »
Là, je sens que je suis allée trop loin… surtout avec cet air prétentieux que j'ai pris…
Avant même de pouvoir continuer à provoquer maman, je reçois une énorme gifle*…
Je n'y crois pas…
Elle a osé…
Je n'en avais pas reçu depuis des années.
J'ai vraiment dû la vexer…
En fait… cette gifle, ce n'est rien.
Une main qui repousse l'air et se pose fort sur ma joue qui ne s'y attendait pas.
Un acte de violence parti de très loin qui remplace une insulte ou des cris.
Mais surtout un geste lâche quand on ne peut plus se contrôler.
Je reçois cette violence comme un acte de désaveu… de violence inouïe que je vais garder à jamais dans la tête plus que dans la peau.
Je vois des couteaux dans ses yeux.

Les miens ne doivent pas inspirer plus de confiance.
C'est la guerre entre nous deux…
Vraiment elle ne comprend rien à ma vie, à mes envies, à mes désirs.
Elle ne cherche même pas à comprendre…
Elle ne m'aime pas.

Le besoin d'être aimée, valorisée

Je me lève brutalement de table en repoussant la chaise et m'enfuis dans la salle de bain, seul endroit où je peux m'enfermer, où il reste une clé…
Je m'entends continuer à dire des choses horribles.
Elle hurle, elle tape à la porte pour que je sorte…
« Tu sors d'ici Salomé, tu n'as pas le droit de t'enfermer, tu le sais bien… » hurle maman…
« Tu peux toujours tambouriner, je ne sortirai pas… je m'en fous*, tu peux casser la porte ! » dis-je à mon tour.
Puis elle arrête et se calme…
« Ouvre ma chérie, on ne peut pas continuer comme ça, ça n'a pas de sens, mon bébé »
Sa voix est douce… inquiète, gentille.
Je ne peux pas résister.
Mes larmes, mon cœur vont exploser. Je ne peux pas continuer à vivre ainsi avec mes parents.
Je me décide à ouvrir…
Maman est là et me tend les bras…
Elle n'a plus de couteaux dans les yeux… mais des larmes.

Elle a beaucoup pleuré.
Des traces noires de maquillage* qui a coulé sous ses yeux le prouvent.
Je suis un monstre… Je fais souffrir tout le monde car je me sens mal-aimée, mal comprise.
« Pardon, pardon maman » dis-je en pleurant à mon tour…
« C'est fini mon amour » dit maman. « C'est fini, mais il faut nous dire ce qui ne va pas, nous expliquer tes sautes d'humeur… On ne peut pas tout deviner. Qu'est-ce que tu as en ce moment ? »
« Rien de spécial, maman. Mais peut-être que j'en ai marre que vous ne fassiez pas assez attention à moi. Vous ne me demandez jamais rien sur mes goûts, mes notes, mes copains »
« Mais c'est parce que tout va bien qu'on ne te demande rien. Tu es toujours la première de ta classe, tu te fais des copains partout où tu passes. Tu ne nous as jamais dit que ça n'allait pas. » ajoute maman, en me réconfortant.
« Mais c'est ce que tout le monde croit. En fait, je ne vais pas bien car justement, personne ne me connaît vraiment et n'imagine pas à quel point j'ai besoin qu'on me regarde, qu'on m'aime !!! »
« Mais on t'aime, ma chérie. Tes amis aussi t'aiment et te le montrent bien… » dit maman
« Oui, mais je n'ai toujours pas de petit ami… Je suis la seule dans la classe à n'être jamais sortie avec un garçon*, tu comprends… la seule »
« Mais ce n'est pas si grave, ma chérie…Tu as toute la vie pour ça…. Et tu n'es pas si âgée… » explique maman avec le plus de gentillesse possible.
« C'est important justement pour moi cette fête d'anniversaire… parce qu'il y aura un copain, un nouveau qui n'est pas comme les autres, qui me regarde et s'intéresse à moi, à ce que j'aime, à la musique que j'écoute. Il me fait même remarquer que j'ai de nouvelles boucles d'oreilles qui me vont bien ou autre… Tu te rends compte ! Un garçon qui fait enfin attention à moi… »
« Je comprends mieux maintenant pourquoi cette fête est importante pour toi… Il fallait t'expliquer, plutôt que de te mettre dans un tel état.»
Termine maman avec un grand sourire réconciliateur.

Le baiser de Paul

Il est 12 heures cinq et je suis devant la grille du lycée …
Je suis exceptionnellement en avance (en général, je suis une des dernières

à sortir du lycée, papotant avec les uns et les autres) et sur mes gardes, le cœur battant la chamade*... Il arrive, tout beau, tout grand* me regardant, moi, me souriant. Je me retourne pour voir si c'est bien à moi que s'adressent ce visage et ce sourire radieux, et à personne d'autre.
Je fais semblant de guetter quelqu'un d'autre pour ne pas lui montrer que c'est lui que j'attends, mais je sens les battements de mon cœur qui s'accélèrent...
« Tiens ! Mais c'est Salomé, salut ! Tu attends quelqu'un ? » me dit-il tout en s'approchant si près de moi que je sens son souffle sur mes yeux...
« Euh, non... enfin oui, euh Léa, mais elle n'a pas dû m'attendre... tant pis ! » dis-je sans trop réfléchir à ce que je pouvais dire.
« On peut faire un bout de chemin ensemble, je vais déjeuner au café du coin car je recommence à 13 heures cet après-midi » ajoute-t-il sans me quitter des yeux.
« OK, c'est sur ma route » je m'entends dire en mentant sans vergogne. Mais qu'importe, je ne veux rien manquer de cet instant magique.
« C'est un peu compliqué ici, je trouve *...de rencontrer des gens... Vous êtes tous ensemble depuis des années et moi, je débarque dans votre univers un peu sectaire... du fin fond de l'Afrique, en plus » dit-il en riant à pleines dents.
Mais qu'il est beau ce sourire avec ses deux petites fossettes* sur les côtés ! Je n'écoute même pas ce qu'il me dit, je marche à côté de lui, à son rythme, je suis en plein accord avec lui...
« On déjeune ensemble ? » fait-il brusquement.
« Et bien, c'est que... je n'ai pas vraiment prévu... »
« Quelqu'un t'attend chez toi ? » insiste-t-il.
« Non, le lundi je déjeune seule en général, car mes frères sont à la cantine* et mes parents au self de leur travail... »
« Alors je t'invite à partager mon croque-monsieur*, viens c'est là » et je sens son bras venir vers moi, sa main prendre la mienne et me tirer doucement vers le café.
Une chaleur immense, inconnue...me gagne, mes joues sont en feu...
Je regarde partout autour de moi au cas où quelqu'un nous verrait...
Mais pourquoi ?
Dois-je avoir honte ?
Non, c'est seulement que c'est bien la première fois qu'on me prend par la main depuis... je ne sais plus... la dernière fois, c'était papa ou maman !
Nous nous asseyons au fond du café, il me lâche la main et ne me lâche pas des yeux, qui lancent non pas des couteaux, mais des flammes, qui me brûlent, me consument.

Je n'en peux plus de soutenir ce regard… je prétexte de devoir aller aux toilettes pour échapper à ce trop plein de bonheur…
Là, dans le miroir, je vois une jeune fille écarlate*, c'est moi…
Nous discutons à bâtons rompus* de tout et de rien et il m'écoute, me répond, me questionne tout en me souriant…
Je fonds…*ou brûle, je ne sais pas, je ne sais plus.
Nous sortons du café pour lui, retourner au lycée, moi rentrer à la maison et avant que je puisse dire quoique ce soit il me glisse à l'oreille « A très bientôt petit ange » puis effleure ma joue, puis mes lèvres et y dépose un baiser.
Je ferme les yeux car je sens que je perds la réalité des choses, que tout en moi est en émoi, que mon corps vacille et que je vais tomber…
Un doux vertige m'envahit…
J'ouvre de nouveau les yeux après quelque temps, une seconde, une minute, cinq ou dix… Le temps n'a plus d'emprise sur moi… Que sais-je ?
Il a disparu…
Ce devait être un songe, un rêve…
Oui, c'est bien cela petit ange… un rêve de bonheur, pur.

La soirée…

J'ai passé le reste de la journée sur mon petit nuage*, ne parvenant pas à me concentrer sur mes devoirs ou sur la musique ou sur quoique ce soit. Je ne me lave pas la main, je veux garder un peu de lui, avec moi…
Le lendemain samedi, jour de la fête, toute la journée je suis comme un zombie, j'erre dans l'appartement, réponds à mes parents sans écouter les questions.
Paul est là devant moi, omniprésent, je le vois partout… dans le miroir me regardant, dans les mots que j'entends, dans chacune de mes pensées…

Je suis comme obnubilée, j'ai encore les jambes qui se dérobent au souvenir du baiser.
Est-ce cela être amoureux ? Tomber amoureux * ?
Quelle chaleur intérieure, quel bien-être, mais aussi quelle angoisse !
J'ai envie d'aller à cette fête mais je suis effrayée en même temps.
Peur de lui, peur de moi, peur de ne pas être à la hauteur, de le décevoir…
Peur d'être gauche*, je ne sais rien aux garçons… même si je suis celle à qui on confie tout ! Absolument tout …
J'appelle ma meilleure amie Léa et lui raconte.
« Non, je n'y crois pas, toi… et Paul ? Mais ça s'est passé quand ? Il t'a embrassée, direct ! Ouah … Quel mec* … Mais comment as-tu réagi ? » dit Léa en riant aux éclats…
« Et bien, je n'ai rien dit, rien fait, j'ai seulement cru mourir tellement j'étais mal et mon cœur battait… alors j'ai fermé les yeux et voilà… » dis-je, un peu confuse.
« Mais c'est géant, en plus il est super mignon*… sacrée veinarde*… » continue à dire Léa.
« Oui, enfin je ne sais pas… enfin c'est tellement rapide et nouveau… Bon à ce soir ! »

Pour la première fois de ma vie je me sens belle… j'ai troqué mon jean pour un pantalon noir à la mode, un haut de couleur et surtout j'ai détaché mes cheveux…
Personne n'en revient*, ne comprend cette transformation.
« Eh, mais c'est la fée-beauté en personne qui s'est penchée sur ton berceau hier soir ! Mais tu m'accordes le 1er slow… » dit notre hôte* en ouvrant la porte.
« Si tu veux, mais ce sera le seul, car les autres sont réservés » je m'entends dire rouge d'émoi en voyant Paul approcher.
« Ah oui, les autres, ils sont tous pour moi… » dit-il avec son sourire à fossettes et ses yeux verts me transperçant*…
Je sens de nouveau monter en moi cette chaleur d'hier qui me paralyse* et me rend idiote, muette.
Mes jambes veulent de nouveau me lâcher et ma vue se trouble… Mais non, il faut que je me contrôle, que je réagisse…
« Je vous l'enlève » dit Paul en me prenant par le bras, puis il m'emmène au fond de la salle sur le canapé. J'en profite pour aspirer l'air à toute vitesse et reprendre des forces… mes esprits*.
« Je suis heureux que tu sois venue… j'ai eu peur d'avoir été un peu trop direct, hier… mais tu sais, depuis que je suis dans ce lycée, tu m'as tout de

suite plu*…
Tu n'es pas comme toutes les autres, tu es naturelle, belle… Une de ces beautés sauvages que j'aime tant… » me dit Paul en me caressant les cheveux.
Je ne dis rien, j'écoute, je goûte* avec infiniment de joie chaque instant, chaque parole.
J'ai toujours été la bonne copine qu'on ne regardait même pas, trop garçon-manqué* trop peu féminine…
Je voudrais redevenir plus active, moins « scotchée » à ses yeux, à ses paroles, mais je suis hypnotisée… il pourrait tout me demander, je crois, tellement il me fascine…
Nous passons le reste de la soirée tous les deux à danser, discuter, échanger des baisers… Il s'intéresse beaucoup à ma vie amoureuse, il veut savoir si j'ai eu d'autres petits amis, etc.
Tout va vite, très vite, ses caresses, ses baisers, ses attentions, ses regards… Je ne sais pas si c'est bien… Je suis au milieu des copains et en même temps entièrement à lui, rien qu'avec lui.
Mes émotions aussi sont étranges… je suis tout près de lui comme jamais je n'ai été avec un garçon, devant les autres de surcroît…
Mais je suis bien et heureuse car je ne me sens plus comme le vilain petit canard de la classe, je suis comme les autres, je suis amoureuse de quelqu'un qui m'aime et me le montre…

Paul et moi

Depuis cette fête, nous ne nous quittons plus*.
Nous déjeunons ensemble, passons le mercredi ensemble, le samedi et le dimanche.
Nous sommes sur la même longueur d'ondes* : il adore voyager (il a déjà vécu dans d'autres pays dont l'Afrique du Sud pour le travail de son père) le sport, les bouquins, la musique hard rock… et moi !
Mes parents l'ont accepté et le trouvent très sympa.
Ils pensent qu'il est bien le seul à m'avoir apprivoisée, à avoir dompté* mon sale caractère.
Il est toujours présent quand je m'inquiète, quand je suis énervée pour trois fois rien*.
Nous deux, on dirait des petits chiens fous, on se cherche, on se manque, on est devenu « inséparable ».
Mon cœur s'emballe toujours autant quand il sonne à la porte ou bien quand j'entends sa voix au téléphone…
Quand je sens son souffle sur ma nuque, j'ai toujours l'impression que tout en moi va s'enflammer… se consumer*.
Est-ce cela l'effet de la passion ?
J'ai l'impression que je l'ai toujours connu et que nos caractères s'accordent à merveille.

Sinon, il est très affectueux et pour moi, c'est un peu étrange… ce plein de tendresse.
Je voulais qu'on m'aime… je suis a-do-rée
Parfois il veut plus, beaucoup plus, mais même s'il est déjà toute ma vie*, je ne me sens pas prête… je ne le connais que depuis quelques semaines et il est mon premier amoureux !

Mes copines me disent que c'est normal pour des jeunes de notre âge d'avoir plus qu'un simple flirt mais … j'ai peur, peur de je ne sais quoi… de perdre une partie de mon enfance, de devenir grande…
Il m'a dit que je ne devais pas avoir peur, que faire l'amour, c'est ce qu'il y a de plus merveilleux et qu'il attendrait que je sois prête à mon tour…. quand je serai plus amoureuse…
Mais je le suis, cela n'a rien à voir !

Lui, il a déjà eu une petite expérience avec une fille qui était dans son lycée au Gabon, lors de la dernière mission de son père en Afrique.

Aimez- moi…

Et puis un jour, je ne sais pas encore pourquoi, ses caresses m'apparaissent plus pressantes*, encore plus tendres et étrangement, ce samedi-là, je ne ressens pas cette gêne habituelle.
Au contraire, je me sens comme envoûtée avec cette impression que tout me guide vers lui.
Tout semble tellement naturel, normal finalement…
Toujours avec cette voix profonde il me glisse des mots doux à l'oreille qui me rassurent encore davantage et j'oublie tout.
Son image, puis son visage s'estompent…
Mon cœur de nouveau se met à battre la chamade, je ne contrôle plus rien, je vais encore m'évanouir de bonheur, de peur, je ne sais plus…
Tout tourbillonne autour de moi, j'en perds la notion* du temps, de la réalité…
Cela me fait penser qu'il faut que je respire profondément pour ne pas m'évanouir, pour éviter de perdre connaissance.
Mais Paul est là, à côté, tout contre moi, collé à moi, comme un aimant*, maître de sa respiration, de ses caresses, de ce qu'il fait avec moi…
Et là, tout à coup, mon corps, puis la pièce, se mettent à tourner, de plus en plus vite, l'entraînant lui aussi dans mon tourbillon, ou moi dans le sien… je ne sais plus très bien.
Vaguement, je sens les vibrations*. de force, émanant de lui qui me retiennent et m'empêchent de tomber dans cet évanouissement.
C'est si doux et à la fois si puissant.
Je réussis à ouvrir les yeux après un moment, Paul me fixe du regard, il me sourit.
Ses yeux brillent comme jamais, d'un vert si profond, si chaud.
Je me sens au bord des larmes, troublée, émue, gênée peut-être…

A ce moment de ma vie, je me sens la fille la plus heureuse et aimée du monde… Paul m'aime, c'est certain…
Rien ni personne ne pourra désormais mettre fin à ce bonheur… le nôtre.

La prise de conscience

Depuis ce jour, je ne me sens pas différente, mais pas tout à fait la même. Je n'ai raconté mon secret qu'à ma meilleure amie qui a déjà mille fois plus d'expérience que moi…
« Bienvenue au club ! » Fait-elle avec amusement et fierté.
« Pourquoi tu me dis ça comme ça ? Pourquoi tu ranges tout d'une manière aussi banale ? C'est pour moi quelque chose de trop beau pour être galvaudé* ainsi… » je réponds à mon amie.
« En tout cas, tu es toujours aussi susceptible, je voulais seulement te faire rire ! Au fait, j'espère que tu as pris tes précautions… »
me dit-elle en me scrutant du regard.
« Quoi, quelles précautions ? »
« Arrête, ne me dis pas que tu l'as fait « sans » ! » Léa commence à s'énerver.
« Ben, si … On n'y a pas pensé, ni lui, ni moi et ça s'est passé si naturellement… » dis-je en souriant avec ces doux souvenirs encore en tête.
« Mais tu es folle ! Tout le monde le sait … On ne fait pas ces choses sans préservatif… » hurle Léa.
« Je t'arrête tout de suite, je ne suis pas enceinte… »
« Mais, dans quel monde tu vis* ? Je ne te parle pas de ça… mais du sida et des M.S.T*…. Tu ne vas pas me dire que tu n'écoutes pas la radio, que tu ne vois pas les pubs et que tu n'as pas écouté les recommandations de la prof de S.V.T* l'année dernière ? » essaie de dire calmement Léa pour que je comprenne.
« Bien sûr que si, mais ça ne concerne que les drogués et les gens qui changent tout le temps de copains mais pas des gens comme nous …» Dis-je en trouvant qu'elle exagère tout comme d'habitude.
« Et bien non, justement, ça concerne tout le monde, des gens comme toi

et comme moi… tous les jours, des cas nouveaux sont dépistés et chez les jeunes qui ne sont ni des drogués, ni des transfusés*, ni rien de spécial.
Tu ferais mieux d'en parler avec lui et de te « préserver »* la prochaine fois, vraiment ! Mais qu'est-ce que tu peux être naïve, toi alors !
Prends soin de toi… » termine –t-elle en m'embrassant bien fort sur les deux joues…
Je trouve qu'elle se mêle vraiment de ce qui ne la regarde pas, même si elle est ma meilleure amie.
Paul n'est pas le genre à changer de filles tous les quatre matins* alors pourquoi s'inquiéter, franchement…

Je décide d'en parler à Paul, au moins pour qu'on aille ensemble chez le médecin pour que je prenne un contraceptif.
Je choisis notre médecin de famille plutôt que le gynécologue car je me sens plus à l'aise avec lui… il me connaît depuis que je suis toute petite.
Lorsque j'en parle à maman, elle a une réaction très étrange…
« Oui, ma chérie, j'aurais dû t'en parler depuis longtemps et t'emmener chez un gynécologue, mais je ne t'ai pas vue grandir… »
« Ce n'est pas la peine de t'embêter*, maman, je vais y aller avec Paul. » Dis-je très fière…
« Ah bon, je pensais que c'était une histoire de femmes… Mais comme tu voudras… » fait-elle un peu déçue.

Je vois bien qu'elle se sent un peu dépossédée* de son rôle de mère, mais tant pis, j'ai envie d'y aller avec Paul.
Et puis, il veut m'accompagner car il se sent toujours fatigué depuis quelque temps et veut en profiter pour demander des examens pour voir s'il ne lui manque pas des vitamines ou autre après ce long hiver.

C'est vrai que depuis quelques semaines il est moins en forme* …
Au tennis, au jogging, il se fatigue plus vite qu'avant, pour un garçon…je trouve qu'il a une plus petite endurance* !
« Il n'a pas une santé de fer », dit souvent maman.
Cela a le don* de m'agacer, mais elle a tout de même un peu raison, il est de plus de plus souvent malade pour un rhume ou autre problème bronchique*. Il sue beaucoup sans faire de gros efforts et surtout il n'arrête pas de maigrir…
C'est parce qu'il ne prend pas assez le temps de manger pour venir me rendre des petites visites…
Mais pour moi, ce n'est pas grave, il faudrait juste qu'il fume moins de

cigarettes, qu'il prenne des vitamines et qu'il se repose un peu plus !

L'inacceptable nouvelle

Nous arrivons donc chez le médecin chez qui nous avons pris le rendez-vous tout guillerets*, comme tous les jeunes amoureux insouciants*.
Monsieur Tiriet, mon médecin de famille sourit discrètement en nous faisant entrer dans son cabinet en jetant un regard furtif à Paul et me faisant un clin d'œil.
« Alors, les amoureux, que puis-je faire pour vous… ? »
Je sens mes joues et mes oreilles s'enflammer… je dois être écarlate, mais j'ose commencer… sans regarder Monsieur Tiriet, un peu gênée.
« Et bien voilà, je souhaiterais prendre un contraceptif… et Paul voudrait se faire faire des examens car il est un peu fatigué. »
« Très bien, les tourtereaux*, on commence peut-être par le jeune homme que je ne connais pas… »

Et il ausculte Paul, lui pose questions sur questions qui m'indisposent…
Ce n'est tout de même pas un interrogatoire qu'on est venu chercher…
Au fur et à mesure de la discussion, le sourire de M.Tiriet se fige petit à petit. Il commence à poser des questions à Paul sur sa vie en Afrique, à lui demander s'il a déjà été transfusé, s'il a déjà eu des relations sexuelles sans préservatif* etc…
Je commence à protester et à dire que ce n'est pas le sujet du jour, mais M.Tiriet me coupe la parole en me disant que Paul doit effectivement subir des examens approfondis*. Il nous demande également si nous nous préservons lors de nos échanges amoureux et nous lui disons que nous

sommes justement là pour lui demander conseil...
Il nous regarde étrangement et n'est plus le médecin adoré que j'ai toujours connu...
Je vois bien que quelque chose le perturbe... mais quoi ?
« Bon, mes amis, vous avez bien fait de venir me voir. Je voudrais que Paul passe tout de suite à l'hôpital de jour* pour des examens de sang.
A partir de maintenant, je vous ordonne de vous protéger* lors de vos prochains petits câlins... C'est une chose sérieuse l'amour, qu'il ne faut pas gâcher par négligence*... vraiment, la vie est trop précieuse... » finit le docteur en nous regardant tous les deux d'un air sévère et triste à la fois.
« Mais que se passe-t-il, docteur ? » lui dis-je en le suppliant.
« Dites moi, dites-nous ? Qu'avons nous fait de mal ? » Et je me mets à sangloter. Tant de mystères et ce changement d'attitude si brusque me déstabilisent ...
« Eh bien, mes enfants, je ne peux rien dire pour le moment car je ne veux pas vous affoler pour rien. Mais Paul a des ganglions* partout, il est très fatigué, souvent fragile... il revient d'Afrique... je ne peux pas prendre de risques... »
« Quels risques Docteur ? » s'exclame brusquement Paul qui n'avait pas dit grand-chose jusqu'à présent...
« Vous allez faire un test, tous les deux. Pour toi, Paul ce sera plus long... »
« Mais pourquoi moi ? Je ne me sens pas malade, je n'ai au contraire jamais été aussi bien dans ma peau... » criai-je au docteur Tiriet.
« Justement, justement, ma toute belle... votre euphorie* vous a fait oublier l'essentiel... Bon, on se retrouve demain, même heure avec les résultats... »
Nous quittons le médecin avec le papier adressé à son confrère à l'hôpital et la prescription d'examens : test H.I.V...*
Nous sommes sans voix...

La dure réalité

Ce soir là, après être passés à l'hôpital pour les prises de sang, nous rentrons chacun de notre côté, épuisés, vidés par cette inacceptable idée. Je suis hantée par ce mot « HIV ».
Nous avons besoin du réconfort de nos parents respectifs, des grands.
C'est un cauchemar, il doit y avoir une erreur dans son diagnostic...
Il n'y connaît sûrement pas grand-chose...
Comment Paul peut-il avoir été contaminé ? En le faisant une seule fois...
Non, il ne connaissait pas bien cette fille...Et alors ?

Faut-il demander la carte de santé, le test HIV de chaque personne de notre âge que l'on rencontre ?
Ne peut-on donc même plus faire confiance à l'autre ?
Non… il se trompe, bien sûr, c'est une erreur…
Mon Paul à moi, ne peut pas avoir ce s…, non je ne peux pas prononcer ce mot, j'en suis malade… pour lui, pour notre amour, pour nous deux…
Mes parents sont abasourdis… maman pleure alors que rien n'est encore certain.
Elle ne pense pas à Paul, mais à moi…
Moi, je n'imagine même pas être contaminée*.
Elle me dit que c'est de sa faute, qu'elle ne m'avait pas assez préparée… mais de quoi, de quoi ?
Du fait qu'on ne puisse plus découvrir l'amour naturellement, sans se méfier, sans soupçonner, sans…
Elle me prend dans ses bras et me réconforte comme lorsque j'étais bébé et me chante ma berceuse préférée…
Je me sens mieux, mais cette douleur au creux du ventre me harcèle, cette boule qu'on appelle « angoisse » est en train de me dévorer…
Je suis plus en colère qu'inquiète…Je suis révoltée contre cette maladie, contre moi-même, contre le monde entier qui laisse cette maladie tuer l'amour des jeunes !
Je suis bien, blottie au creux des bras de maman et je ne vois que Paul, Paul et encore Paul…
Cette chaleur enivrante* de maman me fait du bien et je me calme…
J'entends papa qui discute au téléphone avec les parents de Paul qui sont eux aussi sans dessus-dessous*.
Ils sont solidaires les uns avec les autres et je l'entends dire que rien n'est encore certain… et que même si cela s'avérait réel, la science a fait d'énormes progrès…
A quoi pense-t-il ?
Pourquoi sont-ils si fatalistes*… pour moi, c'est impossible, Paul n'a pas le Sida.
Ils se trompent tous et ils le verront bien demain…

J'appelle Paul et je suis en pleurs… Il me dit que ce n'est rien et en même temps il me murmure tout doucement « pardon, pardon mon amour… je ne savais pas, je ne voulais pas, pas toi… » d'une voix inconnue, une voix plus profonde du tout…
Lui aussi aurait-il perdu espoir avant même d'avoir les résultats ?
Non ! non !

Maman me donne une de ses ampoules-miracle pour que je m'endorme et vient me veiller*… Elle a encore sa voix douce, de petite mère adorable, mais avec ses grands yeux inquiets et humides qui montrent qu'elle a beaucoup pleuré…
« Mon tout petit » soupire-t-elle… « Pas toi, pas toi… » et je l'entends sangloter.
Je fais semblant de dormir pour qu'elle s'en aille, pour qu'elle me laisse tranquille… qu'ils me laissent tous tranquille et gardent leur angoisse pour eux…
Je dors très mal. Je me réveille en sursaut et je vois Paul dans ma chambre…
Il sort du brouillard* et s'avance vers moi…
Est-ce lui ou une vision ? Il me regarde avec ses grands yeux verts, brillants …
C'est comme s'il était vraiment devant moi.
Il est maintenant si près, si grand, se penchant au dessus de moi…
Je sens son souffle chaud sur mon front… je ferme les yeux pour immortaliser cette image que personne ne pourra me prendre, jamais… et que je garderai au chaud au fond de moi, prête à la faire ressurgir au besoin, à l'infini.
J'ouvre tout doucement les yeux… il a disparu par ce même brouillard qui l'a conduit jusqu'à moi. Je suis brûlante de fièvre.

« Mesdames, messieurs, entrez, entrez… ma chère Salomé, mon cher Paul…
Je vous ai tous réunis pour accompagner nos deux jeunes qui vont avoir besoin de tout votre amour … de toute votre affection, de toute votre attention… »
Je sens la chaise se dérober sous mes doigts et la main de Paul se crisper sur la mienne. Un flot de larmes commence à m'aveugler et je ne vois plus personne, ni les mères qui deviennent toutes blanches, ni les pères qui chacun leur tour râclent leur gorge.
Paul me serre très fort dans ses bras et je le sens perdre confiance, perdre pied puis trembler aussi de tout son corps …
« Oui », continue Monsieur Tiriet en essayant de nous sourire à tous les deux, mais d'un air grave « les résultats sont arrivés tout à l'heure et il n'y a plus aucun doute… »
Je suis déjà morte, je ne peux plus respirer, j'étouffe… cette tension est insupportable* … je me tourne vers Paul, il me sourit mais il est livide…il me serre tellement fort qu'il me fait mal…
« Vous êtes tous les deux séro-positifs et Paul est à un stade avancé de la maladie… mais maintenant avec la tri-thérapie… »

Nous n'entendons plus rien, nous nous jetons dans les bras l'un de l'autre…

Je sens cette boule d'angoisse qui m'a torturée depuis hier qui s'éjecte de mon corps, sort de ma bouche pour crier
« Paul ! NON, NON NON !!!, c' est pas juste, pas juste… je voulais simplement qu'on s'aime …» avant de vaciller de tout mon corps sur le sol.

Paul et Salomé sont jeunes…
Ils sont des adolescents comme toi.
Ils s'aiment et sont insouciants… et se sont crus au-dessus des lois du Sida, au dessus des règles …
Ils n'y ont peut-être tout simplement pas pensé…
Comme eux, des milliers de jeunes chaque jour sont atteints du sida par négligence, naïveté et meurent pour avoir tout simplement voulu s'aimer sans faire attention.

2 – Guide Linguistique

Introduction

« petite ville de province » ville d'environ 400 000 habitants- en dehors de Paris.

« se confier » dire ses secrets, raconter ses petites histoires intimes à quelqu'un.

« petit-ami » amoureux

« il me tarde » je suis pressée de... je suis impatiente de...

« à assumer » à prendre la responsabilité de ...

« puberté » moment entre l'enfance et l'âge adulte où tout change physiquement, psychologiquement.

« être complexé(e) » avoir des complexes, avoir honte de quelque chose de personnel, son physique par exemple.

« en retard » ici veut dire que son corps est encore celui d'une jeune fille et pas celui d'une femme.

« intello » mot un peu familier abrégé de intellectuel(le), qui veut dire celui ou celle qui est toujours premier de sa classe, qui sait tout sur tout, et sympa avec tout le monde...

« aigri(e) » mal dans sa peau, mal à l'aise, qui n'a pas ce qu'il ou elle veut comme il, elle voudrait et devient désagréable avec les autres

« souffre-douleur » soit un confident (quelqu'un à qui on raconte tout de ses douleurs), soit quelqu'un qui peut recevoir des coups pour apaiser les souffrances d'un autre

La révolte quotidienne

« c'est nul » mot familier pour dire c'est idiot, c'est bête.

« en pension » expression courante pour dire aller en internat , c'est à dire dans une école où on reste toute la semaine, voire un mois entier sans voir les parents

« gifle » claque (coup donné avec la paume de la main) assez forte sur la joue

« je m'en fous » je m'en fiche, je n'en ai rien à faire

« traces… de maquillage » le maquillage (mascara ou crayon noir) a coulé à cause des larmes.

« sortir avec un garçon » avoir un petit copain, avoir un flirt

Le baiser de Paul

« battre la chamade » expression qui veut dire battre très vite, très fort

« tout grand » très grand (expression enfantine).

« je trouve » je pense

« fossettes » petits creux qui se dessinent à chaque coin de la bouche quand on sourit

« cantine » nom donné au lieu où l'on mange à l'école, à l'usine, au bureau…on dit aussi au self…

« croque-monsieur » nom donné à un plat qui consiste en une tranche de jambon et du fromage fondu entre deux tranches de pain de mie (toast) grillées. Plat rapide que mangent les jeunes au café.

« écarlate » toute rouge

« à bâtons rompus » expression qui veut dire sans s'arrêter

« je fonds » idée qu'elle est tellement émue et troublée qu'elle ne sent plus son corps, comme s'il fondait.

La soirée

« sur mon petit nuage » idée qu'elle ne voit plus la réalité, qu'elle vole au dessus de tout comme un nuage

« tomber amoureux » idée que l'on devient amoureux brusquement sans s'y attendre

« quel mec » nom familier qui désigne un garçon

« super mignon » très beau

« sacrée veinarde » langage courant pour dire très chanceuse (qui a de la chance,

de la veine).
« personne n'en revient » personne ne veut le croire
« notre hôte » la personne qui nous invite
« me transperçant » idée imagée qui veut dire me traversant
« me paralyse » je suis incapable de bouger
« mes esprits » mes idées, la raison
« tout de suite plu » du verbe plaire : elle a tout de suite su plaire à Paul
« je goûte chaque instant » idée qu'elle profite avec bonheur de chaque moment de la vie comme de la nourriture précieuse. Elle prend chacun de ces moments d'une manière infiniment délicate
« garçon manqué » fille qui ressemble à un garçon pour son attitude physique et psychologique

Paul et moi

« nous ne nous quittons plus » nous sommes toujours ensemble
« même longueur d'ondes » nous sommes d'accord
« pour trois fois rien » pour rien du tout
« se consumer » brûler
« s'il est déjà toute ma vie » : il est déjà très important dans ma vie, il prend beaucoup de place dans ma vie, dans mon cœur
« plus pressantes » plus accentuées, plus chaleureuses
« notion » idée
« aimant » objet qui attire le fer, l'acier
« vibrations » mouvements

La prise de conscience

« dans quel monde tu vis » signifie qu'elle n'a plus aucune idée de la réalité
« M.S.T » Maladie Sexuellement Transmissible
« S.V.T » Sciences de la Vie et de la Terre, cours où l'on étudie notamment la vie sexuelle à l'école
« transfusés » ayant reçu du sang par transfusion (injection intraveineuse)
« quatre matins » expression courante pour dire très souvent
« t'embêter » te déranger
« dépossédée » qui ne possède plus, qui n'a plus
« moins en forme » en moins bonne santé physique
« endurance » force, résistance

« don » ici, veut dire la manière, le moyen
« bronchique » qui vient des bronches

L'inaceptable nouvelle

« tout guilleret » veut dire tout heureux, tout content
« insouciants » sans soucis, sans inquiètude
« tourtereaux » mot affectif pour désigner les amoureux
« préservatif » condom
« approfondis » examens faits avec de nombreuses recherches
« hôpital de jour » ancien nom donné aux hôpitaux qui accueillaient les malades en visite seulement le jour.
« se protéger » ici, signifie se protéger des maladies sexuellement transmissibles, mettre un préservatif lors des relations intimes
« négligence » sans faire attention
« ganglions » petites boules que l'on sent à travers la peau qui signifient que l'on a une infection dans le corps
« euphorie » très grande joie
« H.I.V » nom du virus du Sida

La dure réalité

« contaminée » atteinte par la maladie
« enivrante » qui donne une forte émotion trouble
« sens dessus-dessous » très agité, dans tous les sens
« fatalistes » idée que c'est le destin qui décide et qu'on ne peut rien faire pour le modifier
« veiller » rester auprès de quelqu'un pour le surveiller, en général pendant son sommeil
« brouillard » ici, idée d' image floue
« insupportable » idée que la tension est trop forte, trop désagréable et qu'on ne peut pas la supporter, y faire face.

3 - Guide documentaire de l'élève :

a) Propositions de réflexion (personnelle) et de discussions en classe :

- Lis le texte en entier et essaie d'en faire un résumé.
- Quelles sont les idées principales ?
- Qu'est-ce qui éveille le plus ton intérêt dans ce texte ?
- Pourquoi ?
- Que peux-tu dire de la personnalité de Salomé ?
- T'identifies-tu à elle, et pourquoi ?
- Est-ce difficile de vivre ce changement du passage de l'enfance à l'âge adulte et pourquoi ?
- Pourquoi est-ce si important cet amour pour Paul ?
- Aurait-elle eu cette réaction si cela n'avait pas été la première fois ?
- Comprends-tu son attitude ?
- Que dire de Paul ?
- Penses-tu que cette histoire est réaliste ?
- Si non, pourquoi ?
- Et toi as-tu été informée, prévenue des dangers du Sida ?
- Si non, sais-tu où tu peux te renseigner à ce propos ?
- Est-ce, selon toi, très, moyennement ou pas important du tout ?

- Penses-tu qu'il est difficile de demander à son petit(e) ami(e) de

mettre un préservatif ? Pourquoi ?
- Sais-tu que c'est l'unique moyen de te protéger du Sida ?
- Penses-tu que c'est important ?
- Est-ce difficile pour toi ?
- En parles-tu avec tes amis, tes parents, tes professeurs ?
- Connais-tu la gravité de la maladie ?
- Connais-tu les symptômes ?
- Connais-tu vraiment les moyens de transmission du VIH ?
- Si tu es atteinte du virus VIH , peux-tu le transmettre rapidement ?

b) - Propositions documentaires

En bref, quelques chiffres (ONUSIDA) :

Près de 50 % des jeunes de 13 à 24 ans ont des idées erronées sur la façon dont se transmet le VIH.
Il s'ensuit que plus de la moitié de toutes les nouvelles infections enregistrées au monde (60%) touchent des jeunes de 13 à 24 ans.
Chaque jour, 6000 jeunes contractent le sida…
Nous constatons une méconnaissance des modes de transmission et assistons à un net recul de la prévention chez les jeunes. Ils manquent d'informations pertinentes sur les modes de transmission.

Alors, pour faire reculer le SIDA

Il faut tout savoir sur le Sida :

VIH ? Virus de l'immunodéficience humaine ou en langage plus simple : **virus qui affaiblit le système de défense du corps et qui laisse les autres maladies attaquer l'organisme**

Sida ? syndrome de l'immunodéficience acquise ou en langage plus simple **maladie provoquée par le virus VIH affaiblissant tout le système de défense du corps**

M.S.T ? maladies sexuellement transmissibles ou en langage plus simple **maladies qui peuvent s'attraper lors des relations sexuelles**
Transmission du VIH ?

- relations sexuelles non protégées avec quelqu'un d'infecté
- lors d'une transfusion de sang infecté, tatouage ou piercing avec des instruments non stérilisés, utilisation d'une seringue ou aiguille non désinfectée
- lors de la grossesse, de l'accouchement et parfois par l'allaitement

En dehors de ces principaux modes de transmission, il n'est pas possible de contracter le VIH. Le Sida ne peut pas se transmettre par l'eau, l'air ou les aliments. Il ne peut pas non plus se contracter par le toucher, le baiser, la piqûre de moustique etc…

Vous pouvez donc aller à l'école avec quelqu'un qui a contracté la maladie ou séropositif, vous asseoir à côté de lui, l'embrasser sur la joue, lui serrer la main, nager, danser avec lui, vivre avec lui et le soutenir.

Il faut être responsable :

-retarder les relations sexuelles

Quand on a un petit ami ou une petite amie, et que l'on ne le connaît pas très bien, peut-être faut-il attendre un peu avant de faire comme les adultes.
Quand on est jeune, on peut manifester son besoin d'être avec l'autre par d'autres moyens que le rapport sexuel : l'attention, l'affection, les caresses et surtout le respect.
Il est possible de retarder cet événement à un âge plus avancé si on ne se sent pas prêt.
Il faut apprendre à dire non et expliquer pourquoi, même si le petit ami est très pressant : c'est un acte d'amour qui se fait à deux et qui peut être merveilleux quand on est prêt mais il peut être aussi gâché si on est « forcé ».
Il faut discuter de cela avec l'autre, avec beaucoup de sérieux et d'amour.
Attendre le moment idéal quand chacun est prêt aide à mieux contrôler sa contraception, à prendre des décisions plus réfléchies et à mieux connaître l'autre.
Tu as toute la vie pour découvrir cela, ne te précipite pas…

-se protéger

C'est à dire protéger son corps et sa santé contre ce virus en mettant un préservatif à chaque relation sexuelle, même si vous croyez bien connaître votre partenaire, même si vous prenez un autre contraceptif oral.
C'est exiger la stérilisation des objets de tatouage, de piercing ou bien changer d'adresse !
C'est utiliser une nouvelle seringue, stérilisée ou bien encore mieux, ne pas

utiliser de drogue

Se faire aider et soutenir

Si tu te sens fatigué anormalement, si tu tousses beaucoup sans discontinuer, si tu sues beaucoup, si tu perds du poids et sens des ganglions alors il faut consulter un médecin.
Si tu crois être infecté par le virus , tu dois soit en parler à un adulte, tes parents, tes professeurs ou à un médecin peu importe...mais ne pas rester seul et laisser la maladie te contaminer davantage. Si tu es en contact avec une amie, un parent infecté, tu ne dois pas les éviter, mais au contraire les aider, les soutenir.

Tu dois rechercher les associations pour t'aider dans ta ville.

c) – Adresses pour t'aider :

En Corée :

http://www.aids.or.kr/front/main/index.asp
대한에이즈예방협회
(Korean Alliance to Defeat AIDS)

www.avert.org/hiv-aids-stigma.htm

En France :

Sidaction - *Association* de *lutte* contre le *sida*
www.sidaction.org/ *Association* de *lutte* contre le *sida* reconnue d'utilité publique, Sidaction a *pour* objectif le développement de programmes de recherche et d'aide aux malades.

www.aides.org
ALS - Association de Lutte contre le Sida
www.sidaweb.com/als/als.htm

Aux Etats-Unis :

http://aids.gov/federal-resources/around-the-world/us-government-global-aids-activitites/

http://www.teenhopeline.com/

Chicago
http://www.aidschicago.org/

http://www.avert.org/aids-information.htm

En Suède :
www.rfsu.se
Riksförbundet för Sexuell Upplysning.
Association nationale pour l'éducation sexuelle.

www.rfsl.se
RFSL - Riksförbundet för homosexuellas, bisexuellas och transpersoners rättigheter
The Swedish Federation for Lesbian, Gay, Bisexual and Transgender Rights

www.hivportalen.se

Hivportalen
Nationella Hivrådet i samverkan med Socialstyrelsen Hivportalen.
(Nationella HIVRÅDET = "Conseil HIV" national (= gouvernemental)
Portalen vänder sig till dig som arbetar förebyggande med hiv/STI och sexuell hälsa.
Le portail est destiné à ceux qui travaillent pour prévenir le VIH / IST (les infections sexuellement transmissibles) et la santé sexuelle.

Site sur la santé en général (mais très connu/respecté et de nombreuses informations sur le sida)
www.fhi.se
Statens folkhälsoinstitut
L´Institut national de Santé Publique

En Russie :
Москва, 129«Имена» Российский Фонд
110, Большая Переяславская ул., 52/55, строен. 1, офис 21
тел. 933-42-33, 933-42-32, факс 933-42-33, www.names.funt.ru, email: names@aids.ru

«Орден спасения», Фонд помощи пострадавшим от наркомании

Москва, 119530, Стройкомбината пр., 4, тел./факс 441-00-34

«Дети улиц», городской центр по профилактике безнадзорности, преступности, алкоголизма, наркомании и СПИДа среди несовершеннолетних.

Москва, 119034, Малый Левшинский пер., 1/32, строен. 3, тел. 201-76-91 (директор), 201-49-41 (бухгалтерия), 201-29-68 (методист), факс: 201-76-91, email: deti@mail.ru

Cette maladie appelle la vigilance mais aussi la compassion et la tolérance.

Il faut dire « non » au Sida et signer cette charte

J'attends un peu avant d'avoir une relation sexuelle
Je m'informe sur l'autre, même si c'est celui que j'aime
J'utilise un préservatif à chaque rapport sexuel
Je ne partage pas de seringue usagée
Je refuse d'utiliser des instruments non stérilisés
Je me fais dépister en cas de doute
Si j'ai le VIH ou une MST, j'en avertis mon partenaire
J'aide ou soutiens mon camarade, mon voisin qui est séropositif

Alors je pourrai dire

au Sida

Brisons le Silence !

Que tu aies 17 ans ou 22 ans
La violence à l'école ne peut te laisser indifférent…

1- **Une violence omise : le racket**
2- **Guide linguistique**
3- **Guide documentaire**

1- Une violence omise : le racket

Théo est hyper excité, il est admis au lycée Victor Hugo à Paris. Il a reçu la lettre d'admission à ce prestigieux établissement, il y a deux mois et il l'a tellement lue et relue qu'il la connaît par cœur. C'est un des meilleurs lycées parisiens où il est possible de faire russe première langue, et anglais renforcé *.

De plus certains cours sont en anglais : l'histoire -géo* et l'économie.

C'est génial !

Il entre dans la cour des grands* et cette rentrée est comme un acte d'indépendance, de liberté.

Il va prendre le métro, aller prendre ses repas en dehors de la maison car le lycée est dans un autre arrondissement…*

De plus, ses parents avaient toujours dit qu'à quinze ans, en entrant en seconde, il aurait plus d'argent de poche ; qu'il aurait lui-même à gérer son argent pour le mois : ses livres, ses achats, les cadeaux pour ses amis…

« pour t'apprendre à te gérer… » disaient ses parents !

Beaucoup de sous, qu'il pourra dépenser comme il voudra, mais en n'oubliant rien !

Ils lui font enfin confiance…

Il va vivre une vraie vie de jeune et n'aura plus de comptes à rendre… à personne, ni à sa sœur, ni à ses parents.

Il pourra traîner un peu, aller faire un tour dans les magasins de fripes, de

vidéo ou de jeux électroniques avant de rentrer à la maison.
Il pourra même aller retrouver des amis au café, discuter avec eux, bref, être libre, enfin !

Le nouveau copain Fred

Après quelques semaines, Théo est déjà super bien intégré, il s'est fait de nouveaux amis, qui partagent ses goûts en musique, en sport. Ils viennent d'horizons divers*, mais ont tous en commun la langue russe. Soit parce que leurs parents leur ont dit que c'était l'avenir professionnel et que demain ce sera « la » langue à maîtriser, soit par conviction politique (enfants de syndicalistes ou d'anciens soixante-huitards*)…, soit pour être certains d'être dans un bon lycée*, sans violence…

Son voisin de table, Frédéric ou « Fred » vient d'une banlieue voisine assez difficile* où il n'y a pas de lycée proposant une classe de seconde avec russe comme 1ère langue. Comme il est bon élève, il a été accepté à Victor Hugo ainsi que quelques autres de cette banlieue qui sont en 1ère et en terminale.
Il est génial.
Il est fou de musique « rap » comme Théo, de jeux électroniques et de « fringues »*
Il connaît beaucoup de monde au lycée et est respecté par tous… De plus, c'est grâce à lui que Théo a fait toutes ses nouvelles rencontres.
Il lui présente tous ses copains avec qui il fait de la musique, fait des soirées réseau* …

Après les cours ou bien entre midi et deux heures, pendant la pause déjeuner, ils se retrouvent au café en face du lycée ou au club internet du coin pour bavarder, échanger, vivre leur jeunesse quoi…
Théo est ravi…
Ses nouveaux copains ne sont pas tous en seconde mais aussi en première et terminale. Certains ne sont pas au lycée et viennent de la même cité que Fred. Ils sont sympas, même si Théo ne comprend pas trop comment ils font pour avoir toujours d'aussi beaux vêtements, les derniers jeux de play-station ou disques… alors qu'ils habitent dans une banlieue terrible et qu'ils n'ont pas beaucoup d'argent.

Peu importe, c'est la première fois que des plus grands s'intéressent à lui.

Il est heureux de cette nouvelle vie !
C'est un nouvel univers qui se présente à lui, auquel il n'aurait jamais eu accès dans son petit collège tranquille…
Fred lui dit qu'il ne connaît rien à la vie* et c'est un peu vrai, en fait.
Avec Fred, c'est certain, il va tout apprendre.

Découverte de la vie

La fin du trimestre* approche et Théo termine avec brio* cette période scolaire avec un très bon bulletin* qui enthousiasme ses parents et lui-même.
Son ami Fred réussit très bien aussi mais avec de meilleurs résultats en physique et maths.
Ils sont devenus les meilleurs amis du monde.
Fred n'a pas les mêmes moyens financiers que Théo et souvent ce dernier est obligé de lui avancer de l'argent, voire même de lui rappeler de lui rembourser, voire même de lui offrir soit son coca, soit son entrée au café internet.
Au début, cela ne dérange pas du tout Théo.
En effet, les parents de Fred ont divorcé* il y a longtemps.
Son ami vivant seul avec sa mère, et le père ne payant pas de pension* à la famille, il parait difficile de pouvoir vivre aussi aisément que la plupart des copains du lycée et de s'offrir tout ce qu'on veut, avec l'unique salaire d'infirmière de la maman.
Théo comprend bien cette différence entre eux.
Il découvre aussi que la vie n'est pas la même en dehors de son petit quartier bien tranquille où tout le monde vit confortablement dans de beaux appartements cossus*.

Il voit qu'effectivement il a beaucoup de chance et que ce n'est qu'un juste retour que de partager un peu ses « privilèges »*
Le seul problème c'est que c'est sur son argent de poche à lui... et que c'est de plus en plus fréquent*...
Il se dit qu'il faudra en parler à son ami...
Mais il ne veut pas le vexer et surtout pas le perdre.
Il a tant appris avec lui, tant partagé... plus de choses en trois mois qu'en toute une vie !!!
Ils passent beaucoup de temps ensemble au lycée, mais aussi au café internet ainsi qu'en soirées réseaux qu'ils organisent à tour de rôle* avec leurs amis.
Le week-end prochain, une soirée "sleep over" * est prévue chez Théo pour fêter la fin du trimestre et les bons résultats des deux copains.
Ils sont tous les deux les organisateurs mais la soirée se fait chez Théo car l'appartement est plus grand que chez Fred.
Comme d'habitude, ils invitent moitié filles et garçons.
Fred et Théo sont très excités, c'est leur première fête à eux, ils veulent qu'elle soit réussie, qu'on dise partout que c'était génial...
« Bon, on a pensé à tout, je crois », dit Fred sur le point de partir de chez Théo, la veille de la fête.
« Oui, je crois », répond Théo. « Mais s'il te plait, pense à mes disques, ne les oublies pas encore une fois, car c'est demain la fête ! »
« Mais, non Théo. Arrête de paniquer* ! Tu les auras tes disques » rétorque Fred un peu agacé.
« Attends, Fred, ne le prends pas comme ça... Mais ça fait tout de même plus d'une semaine que je te les ai prêtés plus un week end , alors j'aimerais seulement que tu y penses pour demain, si ce n'est pas trop te demander ... » dit Théo en riant à moitié.
« Ce n'est pas drôle, du tout... Fais-moi donc confiance ! On ne va pas se disputer pour cinq malheureux disques... Pense plutôt à notre méga* fête, mon pote Théo ... »
«Oui, OK... tu as raison. Mais n'oublie pas car ils sont sympas pour danser... allez, Tchao et à demain en pleine forme ! »
« Pas de problème » finit Fred « A demain, 18 heures »

Le soupçon

Chacun vient avec une boisson et quelque chose à manger (salade ou quiche ou pizza). La fête bat son plein* et il règne une bonne ambiance.
Fred et Théo sont heureux car tout le monde danse ou discute et personne ne reste dans son coin.
Fred n'a pas rapporté les disques et a dit qu'il les avait prêtés à un ami ... Théo n'a pas voulu faire d'histoire car c'était la fête, mais avait été assez énervé...
La nuit passe ainsi et la moitié des amis reste pour dormir. On installe les matelas un peu partout dans l'appartement. Les uns rangent la salle pendant que les autres font la vaisselle.
Bref, tout le monde met la main à la pâte* et Théo apprécie cette entraide, lui évitant de tout faire seul, le lendemain, avant que ses parents ne reviennent.
C'est déjà sympa de leur part, d'avoir laissé la place libre !
« Au fait Théo, on t'a mis l'argent sur ton bureau, dans ta chambre... » dit une amie avant de se coucher.
« OK » fait Fred sans laisser Théo répondre.
« Mais de quel argent parle-t-elle ? Je ne suis pas au courant*... » reprend Théo, un peu dans les nuages* à cause de l'heure tardive et de la fatigue.
« C'est rien, laisse tomber ! Va donc dormir, je finis de ranger... » coupe Fred.
« Dis Théo, je n'ai que 4 euros sur moi, çà ira ? » rajoute un autre copain.
« Mais de quoi vous me parlez ? » demande Théo de plus en plus surpris...
« De notre participation à la fête » dit Cécile, la meilleure amie de Théo, d'un air surpris aussi.
« Mais tu sais bien », coupe Fred de plus en plus gêné. « Les cinq euros par personne pour la participation à l'achat d'alcool, d'extras etc... » et il emmène Théo, abasourdi à l'écart.
« Mais qu'est-ce que c'est que cette histoire ? Pourquoi tu leur as demandé de l'argent puisqu'ils apportaient tous quelque chose à boire et à manger ? Non, vraiment, ça ne se fait pas, Fred, c'est pas correct... Et puis tu aurais dû m'en parler, c'est chez moi qu'elle se fait cette fête quand même... » hurle Théo très énervé.
« On partagera, je te promets... c'était pour nous deux et surtout pour te rembourser de tout ce que tu m'as avancé... » ajoute Fred pour calmer Théo.
« Mais comment ça, me rembourser ? En volant les autres et en me mettant dans ta combine* ? Mais c'est du pur délire*... Tu ne vas vraiment pas bien... C'est du vol » !!! crie Théo, de plus en plus fort.

C'est la première fois qu'il se fâche ainsi devant son camarade.
Mais là il ne comprend pas. Il se sent trahi, comme sali…
Que va-t-il dire à ses copains, que cette histoire est fausse, qu'ils n'avaient pas besoin d'argent…. Mais pour qui Théo va –t-il passer ?
« Fred, on va rendre cet argent et dire que finalement on a réussi à tout acheter sans trop de frais et prendre quelques bouteilles dans la cave de mes parents, avec leur accord. On peut ajouter qu'on avait demandé de l'argent au cas où cela ne suffirait pas. Comme ça on s'en sort bien … » réclame Théo un peu calmé.
« Il n'en est pas question » jette froidement Fred.
« Mais je ne te reconnais pas, qu'est-ce qui t'arrive ? Je m'en fiche de l'argent que tu me dois, estime que c'est « cadeau ». Voilà ! As-tu autant besoin d'argent que ça et pourquoi donc ? » demande Théo, anxieux.
« Il me faut cet argent et c'est tout, je rembourserai plus tard… » ajoute Fred
« 2**0** copains à cinq euros, ça fait 100 euros… » compte Théo… « T'as besoin de 100 euros ? , mais pour quoi faire, pour aider ta mère ? »
« Non, je ne peux pas te dire, c'est mon affaire et arrête de te mêler de tout, tu me fais suer* à la fin … » s'énerve Fred.
« OK. Tu veux le prendre comme ça ! Alors puisqu'il en est ainsi, je prends la responsabilité de rendre l'argent à tout le monde, et tu te débrouilles* pour trouver d'autres « pigeons * ". J'en ai marre de tes secrets, de tes magouilles*. Tu me déçois vraiment. Et nous faire ça le jour de « notre » fête, c'est trop nul » rétorque Théo à Fred.
« Tu comprendras jamais… » ajoute Fred presque en pleurs « On n'a plus rien à se dire. Tchao ! »

Et Fred s'en va à trois heures du matin, en claquant la porte de la maison de son meilleur ami, le jour de **leur** première fête.

Le terrible secret

Le lundi matin, Théo a hâte de retrouver Fred qui n'a pas rappelé depuis son départ. Théo a essayé toute la journée, mais sa mère disait qu'il était sorti …
Sa colère est passée, il veut seulement comprendre, pour pardonner…
Bien entendu, ils ne peuvent pas rester en froid* comme ça, pas eux, les deux meilleurs amis du monde…
Mais ce lundi matin, Fred n'est pas en cours.
Sa chaise reste vide toute la journée.
Théo va à midi déjeuner au café où ils aiment venir, puis au café internet,

mais personne ne l'a vu, personne ne sait où il est.
L'après-midi passe et les heures de cours défilent sans que Théo prête vraiment attention à ce qui s'y dit.
A cinq heures, quand sonne la cloche annonçant la fin des cours, il est décidé, il va chez lui…il ne peut plus attendre.
Il est un peu inquiet. Peut-être a-t-il sous-estimé la sensibilité de son ami…
Peut-être est-il terriblement triste et vexé…
Ou bien a-t-il des ennuis tellement graves qu'il ne peut en parler.
Brusquement, à l'angle d'une rue perpendiculaire du lycée, il voit trois copains de Fred de sa cité (dont un qui est en terminale au lycée Victor Hugo) qui lui font signe.
Il court vers eux pour demander des nouvelles.
Mais ils ne sont pas comme d'habitude, ils sont très énervés et agressent à moitié Théo.
« Il est où ton pote ? Dis-nous où il se planque, ce trouillard* ? »
« Mais, j'en sais rien, justement, je le cherche aussi, qu'est-ce qui se passe… ? Dites-moi, qu'est-ce qu'il vous a fait ? » demande Théo.
« Alors toi, tu débarques* vraiment d'une autre planète… Il nous a pas réglé ses dernières mensualités et il nous doit un paquet de fric* » dit en se moquant un des copains.
« Qu' est-ce qu' il vous loue ? » demande Théo, incrédule.
Ils se mettent tous à hurler de rire puis à redevenir nerveux.
« Ecoute, petit « bourge* », Fred, sans nous, il ne pourrait même pas vivre dans sa cité… On lui assure sa sécurité, tu comprends… Mais c'est un service qui n'est pas gratuit… Normal, non ?… Alors, il nous refile* ce qu'il peut, c'est son problème, mais là, il nous doit cent euros pour ces dernières semaines… »
« 100 euros ! » murmure Théo, en comprenant d'un coup ce que signifiaient ces mystères autour de l'argent, des disques qui ne revenaient jamais, ce mensonge régulier et les besoins de son ami, de plus en plus gros…
« Alors tu vois comme on l'a pas trouvé et que t'es son pote, ben, c'est toi qui va nous les filer*. Pour toi c'est rien du tout, il paraît que tes parents sont « pleins aux as* ». Sinon, non seulement, ton copain, il pourra plus rentrer dans la cité, mais en plus, toi, t'auras plus un jour tranquille, t'auras toujours quelqu'un pour te rappeler qui on est…
Aller, on te laisse, réfléchis vite, on veut l'argent ce soir sans faute… à l'arrêt du bus Albert Camus.
Et attention, si tu es trop bavard, tu es « grillé * », dans toute la ville… »

Les trois « copains » de Fred s'en vont, en donnant une forte claque dans le dos de Théo qui n'annonce rien de bon.

Il est sans voix.
Il tremble de tous ses membres à la fois par peur, dégoût et honte.
Honte de ne pas avoir deviné plus tôt.
Honte de ne pas avoir aidé son ami.
Honte d'avoir douté de lui.
Et maintenant, que faire…
Dénoncer ces jeunes ?
Il a toujours dit, lors des discussions avec ses parents ou les profs, à ce sujet … au sujet du « racket », qu'il ne cèderait jamais…
Que céder, c'est s'enfoncer dans un engrenage* terrible…
Mais cette fois, il est en première ligne…
Il est concerné, acteur… et il a peur, terriblement peur, pour son ami et pour lui-même.
Ces jeunes qu'il trouvait sympas ne se révèlent plus être les mêmes.
Ils ont l'air de ne reculer devant rien. C'est d'ailleurs pour ça que Fred en est arrivé à raconter toutes ces histoires, puis à voler ses propres camarades, puis par fuir… par peur.

La détresse

Théo est allé comme convenu au rendez-vous pour payer les cent euros de son ami. Il n'a donc pas rendu l'argent à ses camarades et s'est lui aussi servi de cet argent.
Il n'est pas fier de lui. Il a honte de son geste.
Il a honte de lui-même et de sa couardise*.
Mais que faire ?
En plus, les « autres » en veulent davantage, ça ne leur suffit pas…
Ils exigent aussi de l'argent pour sa protection à lui.
Il leur a déjà donné son vieux baladeur*, un blouson Chevignon* et de l'argent.
Pourtant, il ne leur a rien demandé, ne les a pas cherchés…
Il a peur pour lui mais aussi pour les siens*… Il les croit bien capables d'aller embêter sa petite sœur au collège ou il ne sait qui d'autre
Mais a-t-il le choix ? Il veut se rebiffer* mais il n'ose pas.
Ils ne le frappent pas, mais ne font que le menacer du pire…
Mais de quoi au juste ?
En plus il ne peut se confier à personne.
Il ne peut pas en parler… à Fred.
Il est toujours sans nouvelles de Fred, sa mère l'a envoyé à la campagne

pendant les vacances de Noël.
Pour la première fois de sa vie, il rejette ces vacances…
Il ouvre ses nouveaux cadeaux en pensant qu'il devra éventuellement les donner à ses « bourreaux ».
Il remercie à peine ses parents, est de plus en plus agressif avec eux, les envoyant balader* pour un oui pour un non.
« Théo » crie la jeune sœur de Théo de l'autre bout de l'appartement. « Je vais faire un jogging avec Claire, j'ai cherché ton baladeur, mais je ne l'ai pas trouvé… tu sais où il est ? »
« Je ne sais pas où il est. Laisse tomber … » répond Théo avec froideur.
« Toi, si bien ordonné, ça m'étonne » raille la jeune soeur. « Ne l'aurais-tu pas plutôt prêté à une dulcinée* ? »
« Mais tu ne vas pas me ficher la paix, une fois dans ta vie » hurle Théo après sa sœur à qui il ne peut pas avouer qu'il a été obligé de le donner, racketté par des jeunes sans scrupules.
« Mais Théo que t'arrive-t-il enfin?" intervient sa mère. « Tu n'as jamais haussé la voix ainsi sur ta sœur, j'exige plus de respect. Qu'est ce que c'est que cette histoire de walkman ? Où est-il ? L'aurais-tu égaré quelque part ? »
« Mais non, j'ai dû le prêter à Fred et tu sais comme il est… il oublie toujours de tout ramener… » répond Théo en mentant …
« Bien, ce sont tes amis qui te manquent à ce point ? Invite les donc, ça ne nous dérange pas… » ajoute la mère de Théo pour tenter de lui être agréable.
« Mais non, ils sont tous partis en vacances… s'il te plaît maman, laisse-moi tranquille dans ma chambre et ferme la porte s'il te plaît » lance nerveusement Théo.
« Je n'aime pas te voir me parler ainsi Théo, si tu as un problème, tu sais que tu peux en parler, mais ne reste pas renfermé des heures entières dans ta chambre, seul. Pourquoi ne vas-tu donc pas au café internet ou autres, ça te changerait les idées… » renchérit la maman.
« N'insiste pas… ça va passer »
Une fois la porte fermée, il éclate en sanglots comme longtemps il ne l'a fait.
Tout se referme autour de lui, comme dans un piège.
Il doit se réveiller de son cauchemar et vivre de nouveau.
La vie ne peut pas se réduire à trois « abrutis »* qui veulent dicter leur loi…
C'est décidé, il veut retrouver son goût de vivre, sa liberté qu'il a découverte en ce début d'année, revivre quoi, et clouer le bec* à ses « bourreaux ».

L'omerta…

Le lundi de la rentrée il est décidé à refuser de donner quoique ce soit et éventuellement tout dire au CPE…
Fred est de retour, amaigri et évitant Théo.
Il s'est même assis à côté d'un autre camarade en classe.
A la pause de 10h30, Théo se précipite sur lui et déballe* tout ce qu'il avait retourné mille fois dans sa tête.
« Théo, je suis si heureux de te retrouver, je me suis fait du souci…Je sais tout et je suis désolé… j'aurai dû m'en douter… Mais on va pas se laisser faire, on va se défendre et… »
« Comment t'es au courant ? Ils ont joué les caïds avec toi aussi ? » demande Fred, anxieux.
« Oui, quand tu as disparu ; je ne veux plus continuer, il faut qu'on refuse, sinon on n'en finira jamais, jamais !!! » hurle Théo d'énervement.
« Mais tu n'as donc rien compris… on ne peut rien faire mon pauvre Théo. Ils nous tiennent. Je suis désolé de t'avoir mis dans cette galère, c'est ma faute… je n'aurais jamais dû te les présenter… » dit sèchement Fred.
« Ecoute-moi bien. Je ne veux pas continuer à avoir la trouille quand je me balade, à donner mes fringues, mes choses, à donner du fric… Je ne veux plus… alors à nous deux on sera plus fort, tu verras… » insiste désespérément Théo.
« Non, dans la cité, je suis mort si j'arrête, tu ne peux pas imaginer ce que c'est… Je le fais pour ma mère aussi… Elle rentre tard à cause de son job d'infirmière et ils sont vraiment capables de lui faire des sales trucs si je ne donne rien.
On ne vit pas dans le même monde, Théo, c'est tout.
Il faut te taire, leur donner un peu de fric et ça finira bien par se calmer… Toi

tu ne crains pas grand-chose…
Si tu racontes quoique ce soit, je nierai*…
Désolé mon pote, je n'ai pas le choix… »

Théo ne sait plus quoi dire, quoi penser.
Il croyait se débarrasser de ce problème avec son ami, mais ça n'est pas si simple.
Peut-il abandonner son ami ?
Ne sont-ils pas solidaires ?
Effectivement Fred risque plus d'ennuis si Théo parle et pourtant…
C'est un cycle infernal… d'où il ne voit pas comment se sortir…
Il voulait croire en une issue géniale pour sortir de ce cercle, mais il a échoué.
Il n'a pas le courage, seul, de les affronter ni d'aller voir quelqu'un.
C'est l'horreur…

Alors recommencent les incessantes balades du côté de l'arrêt de bus pour donner un pull de marque, un disque, des sous…
Il lui arrive même de « sécher* » les cours de peur de les croiser sur le chemin.
Les notes de Théo dégringolent* et ses parents sont convoqués par le CPE *.
Ils apprennent ainsi qu'il a manqué à plusieurs reprises sans vraies raisons et qu'il ne fait plus rien en cours.
Ils le harcèlent de questions ainsi que le CPE, mais rien n'y fait…
Ils peuvent continuer à le questionner, il ne dira rien.
Que peut-il dire ? Qu'il est si peureux et lâche que depuis trois mois il accepte tout de trois jeunes d'une cité voisine qui le menacent de lui faire des ennuis s'il ne paie pas et si, pire, il parle…
Le CPE dit qu'il doit absolument se ressaisir sinon c'est un redoublement…
Un redoublement…
Et quoi encore ?
Mais quand cette descente aux enfers va-t-elle s'arrêter ?

Le réveil

Théo est obligé d'aller voir le psychologue scolaire pour aider tout le monde à comprendre comment un jeune si prometteur* peut-il aussi volontairement gâcher son avenir.
Il n'a rien à lui dire…
Mais lui, le psychologue, il parle, de drogue, de violence, de secte, de racket…
Il dit qu'il faut parler et ne pas rester seul dans ces cas de détresse.
Théo a envie de lui parler finalement… Il a presque failli mais s'est rattrapé de justesse.

Alors il continue à donner aux « autres » tout ce qu'il possède…
Puis il vole dans le porte-monnaie de ses parents quelques petites sommes, pour que ça ne se voit pas…
Il a honte … affreusement honte, mais il continue…
Un jour, il est pris à partie par ses parents et hésite encore une fois à tout leur avouer.
« Les enfants, venez dans le salon, nous devons vous parler… c'est important » disent le père et la mère.
« Voilà, depuis à peu près un mois, régulièrement de l'argent disparaît de nos portefeuilles*, nous n'y avons pas fait attention, au début, mais comme c'est de plus en plus fréquent, nous devons mettre les choses au point*. Avez-vous besoin de plus d'argent de poche ou bien vous est-il arrivé parfois de prendre un peu de monnaie quand vous en aviez besoin ? »
« Ben, non, j'ai déjà du mal à dépenser tout mon argent du mois alors je ne vois pas pourquoi j'irai vous en prendre ! » fait la sœur de Théo très surprise par ce conseil de famille.
« Moi, je ne sors plus alors… euh, c'est pareil, je n'ai pas besoin de plus en ce moment… vous vous êtes peut-être trompés …Non ? » ajoute Théo, très mal à l'aise.
« Bon, les enfants, nous avons confiance en vous et vous posions la question par acquis de conscience*, mais ne pouvions oser penser que c'était l'un d'entre vous… Nous avons donc notre idée là- dessus … »
« A quoi pensez-vous ? » demande Théo, assez inquiet.
« Et bien, nous allons demander à la femme de ménage de s'expliquer, puis de nous rembourser… sinon, nous la renverrons* ! » fait la mère.
« Mais c'est pas juste ! » dit la sœur, elle travaille chez nous depuis des années…
« Non, vous ne pouvez pas faire ça, c'est inadmissible ! Vous vous êtes

trompés, c'est certain ! » hurle Théo, désespéré et se réfugiant dans sa chambre.
Il ne peut plus… Cette histoire va trop loin et il est de plus en plus lâche.
Il ne peut plus supporter ce calvaire. Il ne peut plus se regarder devant une glace, se supporter lui-même. Lisa, cette adorable femme de ménage qui les a gardés depuis si petit, s'est occupé d'eux quand sa mère travaillait…
Non, il ne peut pas lui faire ça…il ne peut pas dire non plus que c'est lui…
C'est trop tard…Et que penseront ses parents ?
Il a tout gâché, il a trahi, volé tout le monde…
Il n'en peut plus.
Il veut partir loin, fuir et oublier tout ça, cet engrenage infernal où lui seul, tout seul s'est fichu…
Tout doit s'arrêter, demain, c'est allé déjà plus loin qu'il ne faut.
S'il refuse demain de payer…Et bien quoi ?
Il se prendra une terrible raclée* par les «autres » et alors, peut-être que ça le réveillera.
Oui, il veut se réveiller et dire que tout est fini, même au risque de se prendre des coups avec des bleus et ecchymoses* partout le lendemain.
Il veut en finir… Et ainsi il ne trahit pas son copain Fred, il arrête le processus mais ne dénonce pas.
Oui, c'est certainement ça la solution, de toute façon, il ne donnera plus rien.

Le rendez-vous habituel, en effet, tourne court.
« Tu te fous de nous… t'as pas de fric… ? » dit un des jeunes.
« Non » fait Théo, tremblant. « Je n'ai plus rien et mes parents se doutent de quelque chose… Je ne peux plus rien vous donner… »
« Mais il n'a peur de rien ce fils de « bourge » ! Mais t'as pas le droit de décider que t'as rien à nous donner, tu as jusqu'à ce soir, sinon, t'as plus un jour de tranquillité, ni toi ni ta famille, t'entends… » hurle un autre jeune dans les oreilles de Théo en le secouant comme un édredon*
« Ce soir, je n'aurai pas plus d'argent. C'est fini, je ne peux plus rien vous donner, c'est fini… » murmure Théo.

A ce moment un des trois jeunes, tellement surpris, lui arrache sa veste pendant que l'autre lui envoie un coup de pied dans le ventre avant de partir.
« Ce n'est qu'un avant-goût de **ce** qui peut t'arriver... on te retrouvera, t'inquiète pas... » ricane* un autre en s'enfuyant.
Théo a mal. Il n'a pas pu maîtriser le coup de l'autre.
Mais il a réussi... il a réussi à dire non.
Lui, Théo... il a brisé l'engrenage, au moins pour quelques jours...
Il reprend un peu confiance en lui et se dépêche de rentrer chez lui pour appeler Fred et lui raconter. Fred doit faire la même chose...
Oui, il doit réussir, surtout lui.
Et après ? Il en frissonne déjà...
Mais peu importe, une étape est franchie.
Il faudra aussi régler le problème de la femme de ménage, mais il ne sait pas trop comment. Il va trouver.
Il ose même en rentrant aller jusqu'au café internet où il n'a pas fait d'apparition depuis des mois et retrouve quelques amis qui lui font un super accueil.
Oui, vite, il doit appeler Fred.
« Oui, bonsoir Madame, c'est Théo, je peux parler à Fred, s'il vous plaît ? » dit Théo.
« Oh mon cher Théo, c'est terrible... Fred est rentré il y a trente minutes la figure en sang et battu de partout. Des voyous s'en sont pris à lui, sans que je sache pourquoi. L'ambulance est en bas et l'emmène à l'hôpital... Excuse-moi, je l'accompagne et te donnerai des nouvelles ensuite... » pleure la mère de Fred en raccrochant le téléphone.

Loi du silence brisée...

Théo est abasourdi... Ils s'en sont pris* à Fred.
Impensable !
Ils n'ont pas osé s'attaquer à lui ... peut-être à cause des jobs de ses parents (père avocat, mère assistante sociale*) ; alors ils se sont vengés sur son ami...

Il avance dans le salon, livide et raconte tout à ses parents, depuis le début, ça prend des heures... mais il ne peut pas s'arrêter.
Le doute du début, puis l'effroi, puis la rébellion, puis l'engrenage, puis les vols, les mensonges et la détresse, et surtout ce sentiment de honte extrême.
Ses parents ne l'interrompent pas et ne lui jettent pas la pierre*.
Au contraire, ils écoutent, se jettent des coups d'oeil furtifs*, acquiescent* et lui serrent les mains.
Enfin, quand il a terminé, sa mère l'embrasse très fort et son père le prend dans ses bras et là seulement il pleure, il hurle... de peine, de joie...il ne sait plus.
Pendant ce temps la mère de Théo appelle l'hôpital pour prendre des nouvelles de Fred.
Ce n'est pas si grave, ce ne sont que des contusions externes et un bras cassé.
Dans quelques jours il sera remis sur pieds*.
Théo veut le voir, s'excuser...
Son père est d'accord mais auparavant, il veut passer par le commissariat.
Théo accepte... il est prêt... c'est la dernière étape.
Il le faut pour boucler la boucle*...
Il n'a plus peur...
Et surtout, il n'est plus seul.
Ses parents sont là, avec lui, pour le soutenir.
Jamais il ne les aurait crus aussi « pros »*, aussi présents, compréhensifs et efficaces.
Il sait dorénavant qu'il peut tout leur dire...
Il se sent de nouveau fort, il a réussi...
Enfin il respire normalement.
Au commissariat, il n'hésite pas, ne craint pas/plus les représailles*...

Il est de nouveau libre...

Il a réussi à briser la loi du silence...

2 – Guide linguistique

Introduction

« Anglais renforcé » cours d'anglais supplémentaires pour renforcer le niveau
« Histoire-géo » histoire et géographie. En France ces deux matières sont enseignées par le même enseignant qui est diplômé des deux spécificités.
« cour des grands » veut dire comme les grands, dans le même clan.
« arrondissement » Paris est divisé en 20 grandes parties appelées arrondissement. Changer d'arrondissement oblige à prendre le métro ou le bus.

Le nouveau copain Fred

« divers horizons » ici, signifie de diverses origines sociales et géographiques.
« soixante-huitards » nom donné aux anciens étudiants qui ont participé et cru aux manifestations et mouvement révolutionnaire de Mai 1968 en France. Ces personnes, aujourd'hui devenues des parents sont en règle générale restées fidèles à leurs idées socialistes ou communistes.
« bon lycée » en France, à priori on ne peut pas choisir son lycée excepté quand on étudie une matière particulière ou une langue rare. Comme le russe est considéré en France comme une langue difficile, destinée aux bons élèves, on espère qu'il y aura moins de problème ainsi pour son enfant et ses

études.

« banlieue difficile » quartiers autour de Paris où le calme et la sécurité ne sont pas toujours assurés à cause de la délinquance.

« fringues » mot familier pour dire vêtements.

« soirées en réseau » soirées où chacun vient avec son ordinateur pour le connecter aux autres. On passe tout le temps de la soirée et de la nuit à jouer à l'ordinateur en « réseau ». Soirées très habituelles chez les jeunes en France.

« il ne connaît rien à la vie » il est toujours resté au même endroit à vivre les mêmes choses, toujours avec ses parents : il n'a encore pas fait beaucoup de choses, seul.

Découverte de la vie :

« fin du trimestre » en France, l'année scolaire se divise en trois trimestres (trois mois). Le 1er , de septembre à fin décembre ; le second, de janvier à fin mars et le troisième, de avril à fin juin.

On fait un relevé de notes chaque fin de trimestre pour évaluer le niveau.

« avec brio » avec succès

«bulletin » nom donné au carnet de notes

« ont divorcé »se sont séparés devant le juge, officiellement.

« payer une pension » lors d'un divorce, celui qui a la garde des enfants reçoit de l'argent, chaque mois de l'autre parent pour les frais des enfants : c'est la pension alimentaire.

« cossus » de l'adjectif cossu, qui veut dire beaux, confortables et d'un très bon standing

« privilèges » avantages

« fréquent » souvent

« tour de rôle » ici, veut dire chacun son tour

« sleep over » copié sur l'anglais pour dire que c'est une fête où il est possible de dormir sur place. Très à la mode chez les jeunes en France, en ce moment.

« paniquer » avoir peur et ne plus savoir quoi faire

« méga » gigantesque, superbe

Le soupçon

« la fête bât son plein » expression qui veut dire qu'on est au milieu de la fête, et que tout se passe très bien : très bonne ambiance, bonne atmosphère etc ...

« met la main à la pâte » expression qui veut dire aider, se mettre dans l'action et ne pas rester à rien faire.

« au courant » je ne suis pas dans le secret de l'affaire, je n'ai pas eu les informations

«dans les nuages » l'esprit distrait, dans ses pensées, dans ses rêves

« combine » astuce douteuse

« pur délire » expression à la mode chez les jeunes pour dire que « c'est n'importe quoi ».

« faire suer » expression qui veut dire embêter, déranger fortement

« tu te débrouilles » expression familière qui signifie tu t'arranges

« pigeons » expression familière qui veut dire être pris pour des oiseaux esclaves, soumis

« magouilles » affaires douteuses, malhonnêtes

Le terrible secret

« rester en froid » rester fâché, chacun dans son coin

« trouillard » mot familier pour dire peureux, froussard

« tu débarques » ici, expression familière pour dire tu viens d'arriver... ici, c'est assez moqueur...

« paquet de fric » expression familière qui veut dire beaucoup d'argent

« petit bourge » abréviation de petit bourgeois

« refile » redonne (familier)

« filer » donner (même chose)

« plein aux as » qui a beaucoup d'argent (familier)

« Albert Camus » auteur français engagé du XX ème siècle, ayant écrit le mythe de Sisyphe, l'étranger etc...

« grillé » dans ce texte : fichu, perdu

« engrenage » quelque chose dont on ne peut se défaire

La détresse

« couardise » la peur

« ipod » objet de la marque apple, diffusant de la musique...

« Chevignon » marque de vêtement français très à la mode chez les jeunes surtout pour les blousons

« les siens » ses parents, sa famille

« rebiffer » se défendre

« envoyer balader » expression usuelle qui veut dire, ne pas faire attention, et

demander à quelqu'un de partir d'une manière peu polie
« dulcinée » une jeune et belle demoiselle
« abrutis » gens bêtes, bornés et stupides
« clouer le bec » mot usuel pour dire faire taire

L'omerta

« déballe » dans le texte, veut dire : raconte avec grande vitesse, sans réfléchir
« je nierai » je dirai que c'est faux
« sécher » sens familier ici qui veut dire de pas aller en cours
« dégringolent » les notes baissent

Le réveil

« prometteur » qui promet d'être bon
« portefeuilles » gros porte-monnaie auquel on ajoute les documents importants et les cartes de crédit
« mettre les choses au point » régler les problèmes
« par acquis de conscience » par esprit de justice, de vérité par rapport à soi-même
« renverrons » nous ne la garderons pas comme employée
« raclée » mot très familier qui veut dire correction assez forte, une volée de coups
« tourne court » s'arrête rapidement
« édredon » grosse couette
« ricane » du verbe ricaner : rire avec moquerie

La loi du silence brisée

« s'en sont pris » ont pris Fred à partie à la place de Théo
« métier des parents » idée que les métiers des parents, qui sont des métiers quelque peu influents impressionnent peut-être davantage les jeunes racketteurs. Les parents de Théo ne se laisseraient certainement pas faire aussi facilement que la mère de Fred
« ne jettent pas la pierre » ne le mettent pas en faute
« coups d'œil furtifs » coups d'œil rapides
« acquiescent » du verbe acquiescer : dire qu'on est d'accord

« remis sur pied » de nouveau en forme

« boucler la boucle » expression qui donne l'idée qu'on a bien tout terminé, arrangé, réglé

« pros » abréviation de professionnels. Théo veut dire qu'ils se sont très bien comportés comme des professionnels, comme s'il y avait un métier de parents…

« représailles » riposte

3 – Guide documentaire de l'élève

a) éléments de réflexion personnelle et à travailler en classe avec ton enseignant

Que penses-tu des deux personnages ?
Que dire de la personnalité de Théo ? De Fred ?
Théo pouvait-il se douter de ce qui se passait ? Comment ?
S'il l'avait su plus tôt, que cela aurait-il changé ?
Que pensez-vous de la réaction de Fred lorsqu'il est démasqué ?
Pourquoi Théo donne-il l'argent, la première fois aux racketteurs ?
En quoi il a tord et comment faire d'une autre manière ?
Que risquerait-il vraiment ?
Pourquoi est-il si malheureux ?
Quel est le sentiment qui domine à ce moment et pourquoi ?
Pourquoi attend-il si longtemps avant de « craquer » et tout avouer à ses parents ?
Que penses-tu de la réaction des parents ?

Et toi, as-tu déjà été confronté à la violence à l'école, au racket ?
Comment faut-il réagir alors ?
Est-ce si simple ?
Et pourquoi ?
Quelles sont les aides à aller chercher ?

Peut-on selon toi parler de violence ? Pourquoi ?
N'y a-t-il que les coups de poing qui font mal ?
Le racket est-il un délit selon toi ? pour la justice ?
Peut-on agir contre cette violence et comment ?

b) quelques informations pour t'aider

Il faut oser parler, dénoncer pour que l'indifférence, l'autre alliée de la violence, recule.
Les victimes de racket le savent bien, les agresseurs ne s'arrêtent pas et recommencent encore et encore.
Alors il faut réagir et s'organiser.

A) Ne pas rester seul face à la violence

Que tu sois témoin ou victime, si quelque chose d'ennuyeux ou de grave s'est passé, il ne faut pas le garder pour soi, seul.

B) Aller voir un adulte

Si c'est au collège ou au lycée, il faut en parler à un prof, au CPE ou au principal. Si tu n'es pas à l'aise et préfère ne pas être seul, alors demande à un copain de t'accompagner.

C) Se confier à ses parents

Si tu t'es senti personnellement en danger ou très malheureux, tu as besoin de leur aide et de leur réconfort. Il est très important de compter sur l'amour de ses parents dans ce cas d'extrême souffrance

D) Ne pas craindre de se faire entendre

Le principal du collège pourra décider de sanctions (elles peuvent être variées et ont été prévues pour garantir à chacun le respect des règles de vie commune. Elles doivent être justes et comprises de tous.
Si c'est en dehors du lycée, c'est autre chose, auquel cas il faut aller à la police.

E) Porter plainte

C'est souvent ce qui angoisse le plus les victimes qui voudraient qu'on s'arrête avant. Fais toi aider encore une fois par tes parents pour engager une procédure judiciaire si cela leur semble nécessaire.

F) Continuer à vivre

Néanmoins, il faut continuer à vivre, aller au collège comme avant, sortir

etc...
Il faut rompre avec l'angoisse. Il ne faut pas hésiter à consulter un Psychologue pour te faire aider si tu ne peux pas surmonter seul tes souffrances.

G) Penser aux autres

Il faut te dire que ce que tu fais, c'est pour toi mais aussi pour tous les autres jeunes. Ainsi tu éviteras que d'autres se fassent racketter par ces jeunes qui auront été sanctionnés. Et puis tu auras peut-être permis aux jeunes agresseurs de prendre conscience de leur erreur.
Car ce sont aussi des jeunes comme toi, mais qui un jour, ont basculé dans la délinquance.

c) – adresses qui peuvent être utiles

Ne pas hésiter à appeler des n°s d'urgence ou d'associations en cas de problème

En Corée

http://www.youthsafe.kr/
한국청소년폭력예방협회
(Korea Youth Violence Protection Association)

En France :

Plus-Fort.fr
www.plus-fort.fr/
Pas d'association spécifique. Prévenir ses parents, le CPE ou le médecin scolaire.

Aux Etats-Unis :

http://www.teenhopeline.com/

En Suède :

http://www.friends.se/
Friends uppdrag är att stoppa mobbning. Vi utbildar och stödjer skolor och idrottsföreningar i hela landet. Vår vision är ett samhälle där barn och ungdomar växer upp i trygghet och jämlikhet.
Mission de Friends est pour arrêter l'intimidation. Formation et soutien des écoles et des clubs sportifs à travers le pays. Vision d'une société où les enfants grandissent dans la sécurité et l'égalité.

http://www.o-m-m.se/

Organisation mot mobbning - OMM ska verka för, att det ska bli obligatoriskt för Försäkringskassan att utreda samtliga anmälningar mot kränkande särbehandling, som kommer dem tillhanda.

Organisation contre le racket http://www.ttl.fi
Arbetshälsoinstitutet - Institut de Santé au Travail
http://fhi.se/
Statens folkhälsoinstitut

En Russie :

«Дети улиц», городской центр по профилактике безнадзорности, преступности, алкоголизма, наркомании и СПИДа среди несовершеннолетних.

Москва, 119034, Малый Левшинский пер., 1/32, строен. 3, тел. 201-76-91 (директор), 201-49-41 (бухгалтерия), 201-29-68 (методист), факс: 201-76-91, email: deti@mail.ru

J'ai essayé ...

Que tu aies 17 ou 22 ans
Le suicide ne peut te laisser indifférent…

1- Une souffrance cachée : le suicide.

Résultats du bac :

Romain vient de recevoir ses résultats : il est aux anges* et tellement fier de lui.
Fier de ses résultats au bac : Mention très bien* avec félicitations du Jury 19,75 de moyenne générale ...
C'est génial ! La première personne qu'il appelle est son père.
Son père attend les notes avec une vive impatience.

Car il fallait au moins la mention très bien pour maintenir le niveau atteint par la famille, par ses frères qui ont tous eu mention très bien, de même que le père, chirurgien de renom au grand hôpital de la Pitié Salpetrière de Paris.
Il n'était pas question de « déshonorer » le clan…
En même temps, il n'avait pas trop de crainte. Romain avait toujours été un excellent élève, toute sa scolarité.
Oui, il était ce qu'on appelle « un premier de classe * », un peu la risée* des autres, à toujours vouloir rivaliser avec les profs au risque de se faire mettre en marge de la classe.
De toutes les façons, Romain ne se préoccupait pas trop de qui ce passait dans la classe, au lycée. Etre dans tel ou tel clan*, avec celui ou celle qui est le ou la plus « fashion » ou « branché *» du lycée était le cadet* de ses soucis.
Effectivement, il n'avait pas d'amis dans sa classe, juste deux camarades de révisions qui comme lui étaient décrits comme des « intellos* ». Alors il n'était invité à aucune soirée, aucune fête.
Il n'avait pas de vie sociale mais qu'importe ! Pour Romain, il y a un temps pour tout. Un temps pour les études, un temps pour le travail et ensuite, un temps peut-être pour l'amusement…
Mais le résultat est là : bac avec d'excellents résultats et intégration dans la meilleure prépa de Paris* Louis Legrand.

La prépa

« Messieurs… Bienvenue à Louis Legrand, pépinière* des plus célèbres barons* de notre pays… qui prépare l'élite* de la Nation. Vous êtes nos futures élites. Alors accrochez vous… Foncez, battez vous avec vous-mêmes…
Il n'y a pas de place pour les petits joueurs, mais uniquement pour les « gagnants* ». Pas de week-end, pas de vacances… Les plus faibles n'ont pas leur place chez nous. Çà passe ou çà casse… Mais quel enjeu !... ».
Ils sont tous là, nouveaux intégrés en maths sup*, les parents, les profs… à écouter le discours du Directeur de Louis Legrand…
Romain est impressionné par ces termes un peu guerriers*, ce vocabulaire d'entrepreneur. Ce n'est plus le discours encourageant et réconfortant de ses profs de terminale au lycée…
Mais bon, c'est peut être juste pour leur faire peur… Et puis Romain se dit qu'il a toujours été le meilleur dans sa classe, qu'il n'y a pas de raison que çà n'aille pas cette fois ci encore.
Et puis, c'est son vœu le plus cher : être parmi les meilleurs pour qu'il y ait un

vrai « challenge* », une vraie compétition ; Oui, Romain est joueur, mais il veut gagner, toujours…
Jusqu'à maintenant, tout lui a toujours réussi… le sport, toujours excellent, l'école toujours excellent etc.
Les copains et les filles ? Non, sa vie sociale se résume à sa famille et ses profs. Pas de place pour les copains et les filles. Il n'éprouve ni manque, ni frustration. C'est son choix. Pas le moment…

Dès les premiers jours, Romain est déjà super bien intégré, il se fait des camarades, ceux de sa chambre*, qui partagent sa soif de travail, de réussite. Ils ont tous eu de superbes résultats au bac et ont en commun ce goût de l'excellence*.
Ce sont tous des « têtes* » et Romain, cette fois est immergé dans un océan de « têtes de classe ».
Il va pouvoir s'éclater *!
Beaucoup de jeunes détestent les prépas car ce sont deux années où on ne vit pas… où on passe ses jours et ses nuits à travailler pour préparer un concours, où les meilleurs des meilleurs seront acceptés, l'élite de la France… comme dit le Directeur.
Oui, Romain n'est plus l'unique à être excellent. Ils sont tous excellentissimes. La tâche s'avère difficile mais excitante. Il va pouvoir se mesurer à des jeunes de son niveau, de sa trempe. L'intérêt est tellement plus gratifiant ! Se mesurer à une classe lambda n'est guère méritant. Se mesurer aux meilleurs, les égaler, voire les dépasser fait déjà rêver et sourire Romain. Quelle fierté !
Et son père, ses frères … Ils seront tous époustouflés… Car certes, ils ont réussi de brillantes études tous, mais personne n'a eu les notes de Romain dans la famille, et personne ne fut intégré à Louis Legrand. D'où cette double fierté … et obligation de réussir.

Les premiers résultats :

Après une première semaine, les premières épreuves, les premières évaluations dites de « mise en route* » tombent : Très moyennes, voire désastreuses pour certains...
Romain est très déçu, à peine 11/20. Il est très surpris. Il s'attendait à perdre un peu de son niveau habituel, certes, mais pas à descendre aussi bas, aussi proche de 10/20*.
Les autres jeunes sont très déçus aussi. Les notes ne dépassent pas 14/20 et descendent jusqu'à 04/20 !
La chute est rude. Romain appelle son père qui tente de le réconforter en lui disant que c'est normal, que ces notes sont non révélatrices* de son niveau, qu'elles sont volontairement basses pour secouer les jeunes et les faire réagir en travaillant encore et encore...
Il entend que son père n'est pas très satisfait de ses notes mais qu'il ne le dit pas.
Cette réaction de son père le surprend, voire le déstabilise plus que la note elle-même.
Que cela signifie-t-il ?
Que son père ne croit pas en son fils et qu'il n'ose lui dire ?
Non, Romain se calme et se dit que c'est le début et qu'en aucun cas il ne doit se sentir affecté par ces notes. Il doit être fort. C'est une manœuvre de déstabilisation*...
Pour que les meilleurs restent et que les « faibles » tombent et s'en aillent. D'ailleurs, grand nombre d'entre eux craquent en se disant que s'ils ont de si mauvais scores au début de l'année, c'est qu'ils n'ont pas le niveau.
Quelques uns sont solidaires et essaient de se remonter le moral. D'autres, dont Romain, ne disent rien. Ils « digèrent * » comme ils peuvent, leurs premiers pas en prépa... se disant que coûte que coûte... il faut s'accrocher et tenir...
Néanmoins, la surprise est de taille* et rend Romain un peu amer.
Il ressent pour la première fois de sa vie ce qu'est la déception, le mécontentement de lui-même.
Etrange sentiment, nouveau et peu confortable.

Dure réalité

Au fil des semaines, des mois, les notes des étudiants sont irrégulières et

suscitent déception de soi même et/ou confirmation de l'excellence du niveau de Louis Legrand.
Néanmoins, seul un quart des étudiants a décroché* et ceux qui restent s'accrochent et travaillent sans discontinuer.
Romain n'est pas le meilleur, mais il se tient dans une moyenne de 12,5. Il n'en est pas satisfait du tout mais ne lâche pas prise et travaille sur ses cours chaque soir jusqu'à 2 ou 3h du matin ; il se réveille quelques heures plus tard pour reprendre. Il ne s'accorde aucun répit*. Il n'est pas démoralisé car il voit qu'il tient le coup, physiquement et moralement.
Il s'attendait à deux années très rudes, ses frères, son père, les amis de son père l'avaient prévenu :
« Deux ans où tu n'as pas de vie, mon cher… pas de vie.
Tu respires, tu bois, tu manges, tu dors dans tes cours. Chaque heure compte.
C'est une vie de moine, pire, une vie de reclus, de prisonnier … tu es prisonnier de tes cours et devoirs…
Peu de gens, vraiment tiennent le choc…
Faudra t'accrocher mon petit gars* » disait le père de Romain quelques semaines avant la rentrée…
Et ces mots résonnent encore dans l'oreille de Romain, des mois plus tard.

Il s'accroche car il se dit que c'est pour son avenir.

Mais très honnêtement, il n'éprouve aucun plaisir à étudier de cette manière.
Il ne trouve aucun intérêt à travailler des nuits entières sur un ou tel autre exercice de maths ou physique. Le but de la prépa est d'acquérir un rythme, une méthode, une force et une résistance à la pression, mais à quel prix ?
Romain commence à se poser ces questions… il ne cherche pas à y répondre mais il se dit tout de même qu'il ne peut donner plus de temps et plus de labeur* que ce qu'il ne fait déjà…
Il sent qu'il est au maximum de ses possibilités physiques et intellectuelles. Il ne peut donner davantage… Alors, tout çà pour 12, parfois 13 de moyenne sur 20 ?
Bien entendu, il est entouré de jeunes comme lui qui sont les meilleurs de toute la France et qui souffrent de notes si peu valorisantes. Mais tout de même…

Romain perd un peu de ses certitudes…

« C'est normal mon fils… Tu es au saint des saints*, tu ne pourras jamais te retrouver dans de meilleures conditions d'études. Tu es à Louis Legrand.

Accroche-toi ! » Lui dit son père chaque jour au téléphone.

Oui, son père est là, garant de les lui faire retrouver... ses certitudes.

Il a raison, Romain a ce privilège d'être dans cette prestigieuse institution, il est un des rares à avoir été choisi. Ces notes décevantes et si dévalorisantes ne sont rien comparées à cette immense chance d'être là, à Louis Legrand et d'avoir cette possibilité, un jour de devenir un grand ingénieur, puis grand chef d'entreprise etc.

Romain sait qu'il n'a pas le droit ni de se plaindre, ni de lâcher prise, ni de décrocher.

C'est trop important, pour lui, pour ses frères, pour son père...

Ambiance de classe

En classe, l'ambiance est très particulière. Chacun travaille pour lui-même. Les deux années de prépa mènent à un concours, pas un examen.
C'est pourquoi l'entraide n'est à priori pas de mise*. Néanmoins, Quelques petits groupes de travail se sont mis en place. Les groupes de jeunes qui partagent la même chambre. Ces associations de jeunes permettent aussi de découvrir d'autres horizons, d'autres milieux sociaux.
Ils sont de plus les seuls vrais contacts humains en dehors des cours où personne ne parle à personne...
Les jeunes sont tous issus de milieux très différents, parce que leurs parents ont eux-mêmes de superbes professions et sont passés par ce travail acharné pour accéder à ce niveau, soit au contraire parce qu'ils viennent de milieux modestes mais ont travaillé d'arrache pied* pour accéder à des métiers et vies plus séduisants... quelque soit leur milieu d'origine, les étudiants de Louis Legrand sont tous excellents et hyper motivés.
Romain est issu d'une famille qui cumule les deux origines : son père et ses frères ont tous réussi de brillantes études et Romain doit continuer sur cette ligne et ne pas être celui qui ne réussit pas. C'est hors de question.
De plus, le père de Romain, brillantissime* chirurgien est issu lui-même d'un milieu très modeste et a réussi par ses propres moyens sans l'aide de personne et en travaillant le soir comme barman en parallèle de ses études pour tout financer*. Il est donc encore plus méritant que quiconque*.

Romain le sait bien : c'est une pression supplémentaire. Il ne peut se permettre d'échouer. Il ne peut se permettre de décevoir son père.

C'est peut-être pour cette raison que pour la première fois de sa vie, et malgré le peu de temps qu'il s'accorde en dehors de son travail, qu'il se lie d'amitié avec quelqu'un : Sam.

Son voisin direct de chambre, Samuel ou « Sam » vient d'une banlieue voisine assez difficile* où il a été repéré par ses profs comme « haut potentiel » malgré ses origines très modestes. Ses parents ne l'ont pas beaucoup aidé car n'ont pas leur bac. Pourtant, il réussit très bien à Louis Legrand. Il fait partie de ces gens qui travaillent beaucoup, mais qui vivent normalement, qui ont des facilités intellectuelles inexpliquées. Ses notes sont bien meilleures que celles de Romain. Pourtant il se couche plus tôt que lui, s'accorde une heure de natation par jour, va voir un film au cinéma par semaine avec d'anciens copains.
Bref, il s'accorde des bouffées d'oxygène*, des soupapes*… Ce qui force l'admiration de Romain voire l'envie*…
Car finalement, Romain ne s'accorde rien en dehors des cours et a de moins bonnes notes que son camarade…
Sam connaît beaucoup de monde au lycée et est respecté par tous… De plus, c'est grâce à lui que Romain a découvert certains groupes de musique sympas que Sam écoute en révisant, dans la chambre. Romain ne savait rien de la musique jeune…
Surtout, Sam aide Romain sur certains exercices. Le soir, il lui arrive de ne plus rien comprendre, tellement il est fatigué. Alors Sam, patiemment, reprend les cours de la journée, les réexplique à Romain et l'aide à faire ses exercices.
Romain, par fierté, refusait il y a quelques mois.
Comment lui, élève brillant de lycée avec plus de 19 au bac a-il été obligé de recevoir de l'aide d'un autre ?
Mais petit à petit encouragé, rassuré par son camarade de chambre, il a accepté quelques coups de mains* de temps à autre, puis chaque soir de réviser ensemble. Sam l'aide à garder le cap*, le moral.
La sérénité de ce jeune surprend Romain.
Un jour, Sam insiste pour emmener Romain nager, puis de venir au cinéma pour souffler un peu…
Mais Romain refuse.
Il a besoin de travailler et encore travailler pour obtenir des notes correctes.
Mais il avoue que ces invitations lui font envie. Il avoue qu'il ressent des bouleversements dans sa vie… Il reconnaît que de s'aérer la tête* lui ferait

du bien.

En effet, depuis peu, quelque chose lui bloque la respiration chaque matin. Quelque chose lui donne envie de vomir et de pleurer sans raison le soir en se couchant.

Il ne comprend pas ce qui lui arrive ...

Heureusement, le sourire et blagues de Sam lui redonnent la pêche. Et il reprend le goût à travailler...

Ce qu'il redoute le plus, c'est la visite du dimanche dans sa famille. Il va les voir pour sortir un peu de Louis Legrand mais sent, aux questions de sa mère, de son père, de ses frères tout le poids de la famille sur lui. Il sent l'angoisse grandissante de son père : et si Romain, son propre fils ne réussissait pas.
Il ne supporte plus cette pression et finit par refuser d'aller les voir prétextant trop de travail en cette fin d'année et l'obligation d'assurer une bonne moyenne pour passer en seconde année avec niveau plus que correct.

Découverte

La fin du trimestre* approche et Romain termine assez bien son année. Sam termine avec brio* cette période scolaire avec un très bon score* qui enthousiasme ses parents et lui-même.
Les parents de Romain le félicitent mais ont du mal à cacher leur déception. Le fils « prodige » n'est non seulement pas dans les premiers, mais dans les assez bons.

« Tu feras mieux la deuxième année » lui dit son père…
« Il y a un challenge à tenir petit frère, hein, tu n'oublies pas… » Dit son frère aîné…
« Oui, oui, c'est çà » répond Romain, sans conviction et assez mécontent de ces réflexions.
« Mais non, mon cœur, c'est très bien et moi je suis très fière de toi » rétorque maman, toujours conciliante et empathique, mais cachant mal son anxiété.
ET elle ajoute :
« Par contre, il va falloir te requinquer, tu es si pâle et si maigre…et cette tête !!! Souris un peu à la vie mon tout grand ! La vie est belle, non ? »
Oui, la vie est belle, elle a raison ma mère… superbe, même !

A passer tout son temps à travailler, et encore travailler… A ne profiter de rien, pour obtenir un score honorable mais qui déçoit tout le monde…

« J'y ai mis toute mon énergie, tout mon cerveau. Je n'ai plus rien à donner, plus rien… Je n'ai plus de force… » criai je en éclatant en sanglots.

Mon père est interloqué. Mes frères se marrent !
« Et Romano*… ben, qu'est ce qui te prend ? Un coup de bambou ? Et petit frère ! Ce sont les vacances … Cool… tu vas te refaire une santé avec papa-maman et tu vas tous les éclater à la rentrée tes potes* » rétorque mon frère.
Mon père ne dit rien. Ma mère s'empresse de me réconforter.
C'est la première fois depuis mon enfance que j'éclate en sanglots, et à cause de l'école en plus.

C'est la première fois que je ressens cet épuisement et cette tension, partout.
Mais qu'est ce qui m'arrive ?
Et mon père, pourquoi ne dit-il rien ?
Je dois vraiment le décevoir. Je ne suis pas le super fils qu'il voyait en moi. Je suis faible et fragile. Tout ce qu'il déteste.
Mais comment reconquérir sa fierté ?
Comment me surpasser* ? Mes notes finales ne sont pas si mauvaises !
Est-ce cela la vraie vie ?
Aller jusqu'au bout de ses forces pour un résultat qui ne satisfait pas grand monde ?
Tant de sacrifices pour si peu de reconnaissance ?

Dure, dure réalité… pour quelqu'un comme Romain à qui tout a toujours réussi, pour qui tout ne fut que facilité et qui rencontre pour la première fois de vraies difficultés de positionnement dans la famille, de respect aux yeux de son père et de défaillance de confiance en lui.

La révélation

Romain passe des vacances studieuses* à la maison de la Baule* de ses parents.
Il occupe tous ses après midi à reprendre les cours de l'année, afin d'être prêt pour la rentrée, fin prêt.
Le matin, il dort jusqu'à 11 ou 12h. Il a tellement de sommeil à récupérer
Puis il va nager son km* à la mer, juste en face de la maison.

Il reprend des forces, de l'énergie.
C'est certain, le sport lui fait du bien, lui aère la tête.
Il pense à Sam qui s'accordait ce temps de natation chaque jour…
Il a raison.
Lui aussi il s'accordera ce temps, c'est nécessaire.
Il ne recommencera pas à garder la tête dans le guidon et à passer un an à travailler sans s'aérer la tête.
Il se le promet !

Sa mère lui prépare de bons repas et il recommence à rire avec ses frères.
Il retrouve le plaisir de manger les bons gâteaux de sa mère, de dévorer les confitures de sa grand-mère.

Bref, il retrouve les plaisirs simples de la vie qu'il a oubliés pendant tous ses mois de prépa.
Il est content de ses « retrouvailles » avec les choses de la vie.
Il s'en amuse.

Son père est un peu distant, voire fuyant avec Romain.
Il ne comprend pas pourquoi ou ne cherche pas à comprendre
A –t-il honte des résultats de son fils ?
A –t-il peur d'en discuter avec lui ?
Il accepte de faire une partie d'échec avec lui de temps à autre le soir mais ne dit aucun mot.
Romain se dit qu'il se fait des idées.
Que son père a peut-être d'autres soucis, dont il ne veut pas parler.

En outre, cette idée tracasse*, Romain, le soucie…

De plus, il n'arrive pas, à se débarrasser de cette angoisse au fond de la gorge qu'il a chaque matin, qui fait qu'il a peur de se réveiller et envie de pleurer dès qu'il met le pied à terre.

Pourtant, tout va bien : ce sont les vacances ; Romain est en famille. Ce qu'il a toujours adoré auparavant, c'était ces moments de partage.
Sa famille a toujours été son point de référence, son point d'ancrage, sa source, sa base.
Mais quelque chose n'est plus comme avant, quelque chose est changé : l'insouciance de Romain.
Il a perdu cette légèreté des jeunes sans soucis, confiants en l'avenir, en la vie, en eux. Romain sent que c'est cela qui le ronge, cette perte de confiance en la vie, en lui…
Il espère que les vacances gommeront tout cela et qu'il retrouvera cet élan très vite…

Le dernier jour des vacances, en rentrant à Paris, Romain va voir le médecin, le médecin de famille* pour se faire faire un certificat médical pour avoir le droit d'aller nager à la piscine chaque soir à Louis Legrand.

« Tiens, bonjour Romain, comment se porte notre futur énarque* ? »
Dit-il en faisant entrer Romain.
« Ben, çà va, çà va… un peu dure l'année, mais on s'accroche… » Répond Romain, un peu énervé par cette introduction.
« Oh, mais tu as beaucoup maigri mon grand… la balance ne trompe pas ! Dis moi… tu t'alimentes convenablement au moins ? » Dit-il en fixant Romain curieusement ?
Pas de réponse. Romain est ailleurs… dans ses songes*.
« Tu supportes bien cette prépa ? Pas trop par la pression, le stress ? Pas trop de coup de blues*…»

Les mots du médecin, inquisiteurs, font « mouche » * et Romain éclate en sanglots…
Il ne s'arrête pas au point d'en trembler et de suffoquer.
Le docteur est troublé et quand Romain reprend ses esprits, il lui dit tout doucement, avec une voix toute gentille :
« Mon cher Romain, tu ne peux pas te mettre dans des états pareils pour une prépa ! Cela n'en vaut pas la peine… La vie est trop précieuse pour cela !

Tu dois te reprendre et te poser la question de savoir si tu es vraiment fait pour çà ... D'autres possibilités existent pour étudier. La prépa n'est pas l'unique solution… Relativise*, mon bonhomme… »

Le médecin explique à Romain qu'il est en pleine déprime, voire dépression et qu'il va lui donner des médicaments pour le relaxer et lui faire reprendre des forces.

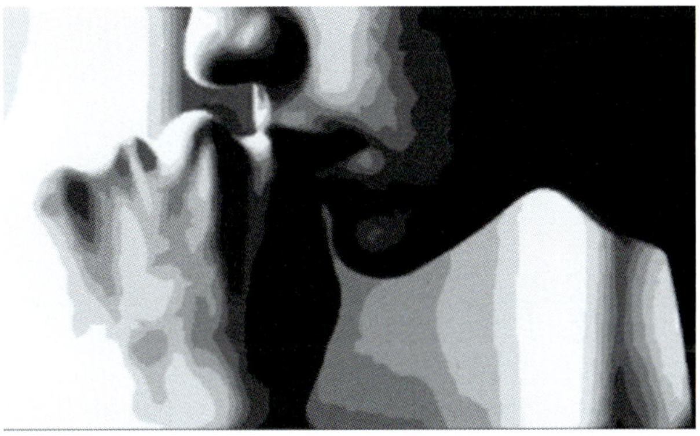

La dépression

Ce mot fait frémir Romain.
Lui, le fils du grand chirurgien de renom*, est en « dépression ».
La honte !
Lui, celui en qui tout le monde projette… un bel avenir.

Lui, Romain le dépressif.
Le faible que tout le monde va rejeter car il n'y a pas de place pour les faibles et les fragiles dans cette prépa, dans cette famille, dans cette vie…
Le docteur a parlé au père de Romain.
Il lui a demandé de lâcher la pression, a expliqué que Romain était en grande souffrance car en quête de réussite pour son père, plus que pour lui-même.
Que peut être fallait il songer à une autre orientation…

Le père de Romain accepte durement cette nouvelle et tente de réconforter son fils en lui disant que c'est un passage à vide* mais qu'il va retrouver des forces. Qu'il est la chaire de sa chaire*…

Il pense le réconforter, il ne fait que l'accabler, il ne comprend rien...

Romain reprend les cours de deuxième année mais sans conviction finalement.
Il prend ses petites pilules* données par le médecin qui le font dormir le soir et qui l'empêchent de stresser tard le soir.

En outre, depuis la reprise des cours, elles ne suffisent plus à calmer son irritation et angoisse permanentes.

Désormais il vit avec cette peur inconnue, peur du vide, peur de l'avenir, peur des autres.
Sam est là à voir que le moral de Romain se dégrade de plus en plus mais il est démuni...*

Romain fuit le groupe.

Il ne va plus manger le soir au self de l'école.
Il s'achète un sandwich et retourne seul dans sa chambre, le nez collé à ses livres et ses écouteurs de IPod sur les oreilles.

Il se renferme de plus en plus sur lui-même, coupé des autres, du monde.

A quoi bon...
Il a passé 19 ans à essayer d'être celui qu'on voulait qu'il soit.
Il a passé 19 ans à essayer d'être un fils modèle, un élève modèle, un frère modèle.
Il a passé 19 ans à essayer d'être heureux ainsi.
A essayer d'être heureux...
Il a passé 19 ans sans vrais amis, sans faire la fête, sans profiter des petits bonheurs de la vie pour en arriver où ?

Là, ici et maintenant. En pleine déroute*, dépression venue d'on ne sait où.
Pour qui ? Pourquoi ?

Les autres l'ennuient de nouveau. Ils ne parlent que du concours, des notes, du cac 40*, des courbes de la bourse.

Romain ne les suit plus, ne suit plus les courbes de la bourse, ni les courbes de rien du tout.

J'ai essayé ...

Romain est en train de lâcher le fil des choses, le fil qui le rattache à ce à quoi il a cru toutes ces 19 années : l'excellence.
Sans excellence pas de réussite sociale.
Sans réussite sociale pas de vie dans cette famille.
Pas de vie du tout.

Il travaille chaque soir mais il n'est pas concentré à ce qu'il fait.
Il est en apnée*...
Comme si un robot exerçait, travaillait, mangeait à sa place mais sans lui, sans son accord, sans son initiative.
Il lui semble qu'il est en dehors de ce qui lui arrive.

« Mon chéri, tu ne donnes pas de tes nouvelles, que se passe-t-il ? » supplie la mère de Romain, chaque deux semaines, quand elle appelle à la chambre.
« Ton camarade de chambre dit que tu ne manges plus, que tu te renfermes sur toi-même et que parfois, tu ne réussis pas à te réveiller pour aller en cours... il dit que tu n'es pas dans ton état normal... »
« Laisse tomber, maman, çà va... j'ai juste envie de tout envoyer balader*, là tout de suite et de me tirer ailleurs* et de fuir tout çà... »
« Mais tu n'as jamais parlé ainsi... mon cœur. Mais qu'est ce qu'on va faire ? Qu'est ce que tu vas faire de toi ? Qu'est ce que ... »
« Oui, je sais, c'est terrible ce qui arrive à votre petit garçon chéri... Il n'a pas l'étoffe, oui je sais, il est trop fragile. C'est un nul, un nul archi nul qui ne fera rien de sa vie... Allez, Salut maman. A la prochaine ! »
Romain raccroche ainsi.

Il sait qu'elle souffre de voir son fils ainsi.
Il sait que sa mère n'y est pour rien.
Ni personne d'ailleurs.
Son père peut être, qui ne veut pas entendre son appel au secours.
Son père qui ne veut pas, ou ne peut pas lui tendre la main et lui dire tout simplement :
« **Pas grave** tout çà mon garçon.... On va trouver d'autres études tout aussi intéressantes qui te rendront tout aussi heureux... **On t'aime** »

Oui, il voudrait que quelqu'un lui dise cela.
Il voudrait que quelqu'un l'aime suffisamment pour lui dire cela.
Il voudrait qu'on l'aime tel qu'il est.
Il ne veut pas qu'on l'aime pour ce qu'il pourrait être...Il voudrait qu'on l'aime tout simplement : être aimé comme un fils normal.

Il se sent si seul face à tout ce qui lui arrive.
Seul…

Il voudrait que quelqu'un l'aide à sortir de cette spirale dans laquelle il s'est enfermé et dont il ne peut pas sortir….
Travail – Réussite – Excellence – Renommée etc etc etc…

Au fil des semaines, Romain se sent de plus en plus mal.
Il lui arrive de composer le numéro du mobile de son père pour l'appeler, pour lui dire, lui crier : « j'arrête tout…et je fais autre chose, j'étouffe…. ».

Mais il raccroche à chaque fois qu'il entend sa voix…
Pas le courage…
Trop honteux face au groupe, face à la famille, face aux amis.
Honte de lui
Trop peur de leur faire du mal.
Trop peur…

Il entend déjà les commentaires des uns et des autres …
« Oh le pauvre, il n'a pas réussi… »
« Oh, le pauvre garçon, il n'a pas supporté la pression… »
« Oh et son pauvre père …. Quel désenchantement…. Quelle claque … »

Romain prend de plus en plus de médicaments pour ne plus penser à rien. Il aime cet état un peu comateux* que lui procurent ces pilules qu'il appelle ses pilules du bonheur…
Il sait qu'il s'engouffre dans une chute vertigineuse.
Il sait qu'il fait du mal à ceux qui l'entourent mais il ne peut plus rien faire pour l'éviter.
Il n'est pas maître de lui, de ses pensées moribondes*…

Le jour du concours arrive.
Bien entendu Romain n'est pas prêt ni psychologiquement ; ni intellectuellement.

Bien entendu il ne peut pas faire marche arrière*, car tout son entourage s'est projeté pour lui…
Bien entendu personne n'est vraiment à sa place, dans son mal être, dans sa souffrance, dans sa honte et son angoisse de l'après…

J'ai essayé …

Romain ne voit décidément pas de porte de sortie.
Romain ne voit pas d'issue plaisante*, ni honorable.
Pas d'issue du tout.

Romain se dit finalement qu'il s'est mis, enfermé dans cette pression /dépression tout seul, peut être.
C'est encore plus angoissant.

Il se tient assis, devant son bureau, avec tous les autres dans la salle d'examen pour ce concours national….

Il ne les voit plus.

Il est dans son monde à lui où il se réfugie chaque fois que l'angoisse, ténébreuse et vorace revient.
Il donne à manger à son angoisse avec de plus en plus de médicaments.
Mais elle revient, sans arrêt.
Là, elle est affamée… et l'empêche de respirer.

Il prend sa boite de « pilules du bonheur ».
Elle est pleine.
Il verse toutes les pilules dans sa main, les avale d'un seul trait avec une gorgée d'eau de sa petite bouteille.

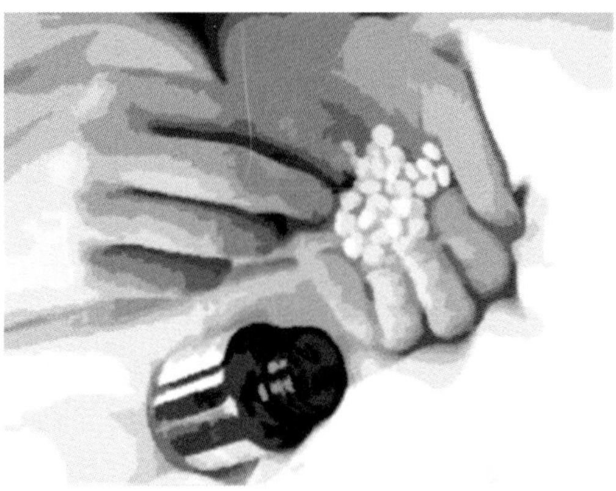

Il sait ce qu'il fait… il sait que c'est irrémédiable.

Il prend le temps d'écrire son nom, son matricule sur la feuille d'examen.

Puis, alors que sa vue commence à se troubler, son corps à trembler, il rassemble ses forces pour écrire sur la feuille :

J'ai essayé …

Puis il s'écroule.

Il s'éteint quelques heures plus tard en salle de réanimation à l'hôpital de la Pitié Salpêtrière, dans les bras de son père.

2 – Guide linguistique

Résultats du bac :

aux anges : heureux comme un ange
Mention très bien : Le bac est noté sur 20 points. Les mentions vont de passable à très bien.
Premier de sa classe : expression moqueuse qui veut dire toujours le meilleur de sa classe et qui le montre aux autres
La risée : celui dont on se moque
Clan : groupe fermé
Branché : à la mode
Cadet de ses soucis : le moindre de ses soucis
Intellos : abréviation argotique de : intellectuels
Meilleure prépa de Paris : les préparations aux grandes écoles en France sont hiérarchisées des moins bonnes aux meilleures. Louis le Grand est très souvent citée parmi les meilleures.

La prépa :

Pépinière : endroit où on fait pousser des arbres. C'est la même idée, ici on y repère les jeunes pousses d'arbres : les jeunes hommes qui ont un bel avenir.

Elite : Le meilleur de tout
Barons : titre de noblesse qui est repris souvent pour donner de l'importance a certaines personnalités importantes.
Gagnants : des gens forts qui gagnent tout et toujours par opposition a ceux qui perdent, les faibles, les perdants.
Maths sup : nom donne a cette première année après le bac de préparation aux meilleures écoles d'ingénieurs : Mathématiques supérieures puis mathématiques spécialisées.
Guerriers : nom donné aux gens qui font la guerre. Expression très forte pour dire que les mots sont très violents, très forts.
Challenge : un dépassement, une vraie épreuve sur soi meme.
Chambre : en général, en prépa, les jeunes vivent et dorment sur place pour ne pas perdre de temps. Ils sont par deux, trois par cambre.
Excellence : Idée que l'on donne son maximum pour atteindre le meilleur, la perfection.
S'éclater : terme argotique pour dire profiter de la vie au maximum…

Les premiers résultats :

Mise en route : le commencement
10/20 : notes sur 20. 10 /20 c'est la moyenne, donc pas une bonne note.
Révélatrices : qui donnent l'idée de…
Déstabilisation : le fait de perdre ses repères, ce en quoi on croit.
Digère : idée comme pour le repas, qu'il faut attendre que cela passe ; attendre qu'il accepte…
De taille : *énorme, très grande*

Dure réalité :

Décroché : qui ne suivent plus et ont abandonné les cours.
Aucun répit : aucune minute pour soi, pas de temps pour soi.
Mon petit gars : terme affectueux pour dire mon petit fils.
Labeur : terme fort pour dire travail. Terme ancien.
Saint des saints : au milieu des meilleurs comme au milieu des « saints' comme avec Dieu !

Ambiance de classe :

Pas de mise : qui ne convient pas, qui n'est pas de circonstance
D'arrache pied : de toutes ses forces
Brillantissime : Très brillant, très, très bon.
L'envie : un peu le rêve, la convoitise
Financer : Payer
Quiconque : Toute personne qui ...
Banlieue assez difficile : Banlieue avec des problèmes de délinquances ou de chômage
Bouffées d'oxygène : respirer l'air pur, prendre l'air , souffler au sens figuré .
Soupape : appareil de sécurité qui empêche une explosion, donc image qui dit qu'il faut prendre l'air pour éviter l'explosion.
Donne envie : excite le désir, la convoitise
Coups de main : de l'aide
Garder le cap : Tenir son chemin, sa voie, son but
S'aérer la tête : Faire et penser à autre chose

Découverte :

Trimestre : En France on divise souvent l'année en 3 trimestres et à l'université depuis quelque temps en semestres.
Avec brio : Avec succès
Très bon score : De très bonnes notes avec une très bonne moyenne.
Romano : Diminutif et affectif de Romain
Tu vas tous les éclater : expression argotique pour dire tu vas tous les battre et dépasser leurs scores.
Tes potes : Mot argotique pour copains.
Me surpasser : Me dépasser au delà de mes capacités

La révélation :

Studieuses : vacances à passer son temps à étudier
La Baule : Ville touristique de bord de mer de la côte atlantique.
Nager son km : Expression qui veut dire qu'on nage des longueurs de piscine sur 1 km.
Tracasse : Inquiète, donne du souci

Médecin de famille : Médecin privé en ville qui s'occupe de toute la famille, à l'opposé du médecin d'hôpital qui est plus anonyme.
Futur énarque : Futur étudiant d'une des 3 plus grandes écoles françaises : l'ENA d'où sortent les hommes politiques et grands PDG.
Dans ses songes : dans ses pensées
Coup de blues : Le cafard
Font « mouche » : Atteignent précisément leur but, sont bien dits, sensibilisent Romain.
Relativise : Prend du recul sur les choses, les considérer avec moins d'importance.

La dépression :

De renom : de grande réputation
Passage à vide : un moment où il ne se passe rien de spécial ou bien où les choses ne vont pas comme on voudrait.
La chair de sa chair : ce qui est le plus précieux, le plus profond en amour ; le parent prêt à tout pour le fruit de ses entrailles, de sa chair : son enfant. Terme très fort.
Petites pilules : médicaments psychotropes pour calmer la dépression.
Démuni : normalement sans argent. Ici sans aucune aide, personne.
Pleine déroute : Perdu, sans plus aucun repère.
Cac 40 : indice de la bourse qui est donné à partir des cours de quarante actions de la bourse en France
En apnée : sans respirer
Tout envoyer balader : expression de raz le bol qui signifie qu'on veut tout rejeter, tout arrêter
Me tirer ailleurs : Expression argotique qui veut dire se sauver, fuir tous les ennuis et soucis.
Comateux : dans un état proche du coma (état grave)
Moribondes : idées noires, de mort.
Marche arrière : Image qui veut dire reculer, revenir à la vie d'avant
Plaisante : Agréable et positive

3 – Guide documentaire

a) éléments de réflexion personnelle et à travailler en classe avec ton enseignant

Bien lire attentivement le texte et essayer d'en faire un rapide résumé en notant les changements précis de Romain.
Quels sont les faits qui le font commencer sa dépression ?
Que penser des personnages ?
Que dire de la personnalité de Romain ? De ses parents ?
Du contexte sociologique ?
Pouvait-on prévoir cette descente aux enfers ?
Si oui, pourquoi ?
Si non, pourquoi ?
Qu'est ce qui aurait pu aider Romain ?
Que pensez-vous de la réaction de chaque membre de la famille ?
Les trouvez-vous coupables ? Pourquoi ?
Pourquoi est-il si malheureux, si seul ?
Quel est le sentiment qui domine à ce moment et pourquoi ?
Pourquoi attend-il si longtemps avant de « craquer » et tout avouer à sa mère ?
Que penser de cette fin ?

Et toi, as-tu déjà été confronté à la dépression d'un proche ?

D'un suicide ?
Comment faut-il réagir alors ?
Est-ce si simple ?
Et pourquoi ?
Quelles sont les aides à aller chercher ?
Peut-on selon toi parler d'appel à l'aide ? Pourquoi ?
Si tu te sentais dépressif, saurais tu le déceler et appeler à l'aide à temps ?
Connais- tu le nombre de suicides de jeunes dans ton pays ?
Peux-tu le comparer à ceux de la France ?
Pourquoi ce chiffre à ton avis ? Comment l'expliquer ?
Que faire pour y remédier ?

b) quelques informations pour t'aider

Inspirées et documentées de http://www.parlersante.fr/suicide

La France compte chaque année au moins 150.000 tentatives et 10.000 suicides : plus de morts que par la route ou le SIDA.
Un quart des jeunes, avant 25 ans, ont eu un projet sérieux de suicide.

Les signaux avertisseurs du suicide sont fréquents et repérables par le proche entourage, tandis que les **facteurs du risque** sont davantage repérables par les professionnels.
Les suicides évités le sont surtout par les amis, conjoints et partenaires sentimentaux
À tout moment, l'urgence peut surgir : tenir disponibles au moins deux numéros de téléphone et l'adresse d'un médecin.
Ce qui soulagera le mieux celui qui est tenté, ce n'est pas ce que je lui dirai, c'est ce qu'il me dira.
Si je n'ai pas réussi à prévenir le suicide, je peux aider ceux qui restent.

A – Les signes avant curseurs

Des réactions de fuite

- Une **fugue,** une fois sur trois
- Des **ivresses répétées**
- Une explosion du **tabagisme**, de la **drogue.**
- Des conduites d'**échec**, comme l'absentéisme scolaire ;
- Une série de **prises de risque** : excès de vitesse, accidents,
- Un **enfermement**. Le jeune s'enferme avec ses musiques ou ses lectures ou l'Internet, où le suicide est valorisé (Kim 2006). Il se coupe de sa famille, de ses amis, "On ne le reconnaît plus"
- Ses vêtements deviennent noirs, il invective les religions décrites comme

meurtrières tout en faisant l'éloge de la mort comme libération.

Une fuite devant la réalité qui doit attirer l'attention :

La survenue d'une dépression

Du mal-être à la dépression, on trouve tous les degrés.
Une personne sur cinq sera atteinte de **dépression** au cours de sa vie.
Tout déprimé est en danger de suicide.
Son humeur devient **triste** et **irritable**.
Il est insomniaque à la **fin** de la nuit, il se lève fatigué, et c'est le soir qu'il se sent le moins mal.
Il est **ralenti,** il peine à se concentrer comme à décider. Son rendement scolaire ou professionnel se détériore : cercle vicieux pour l'estime de soi.
Il devient triste et **paresseux**, ses résultats scolaires s'écroulent.
Tout désir disparait. Il n'arrive plus à s'intéresser à ses tâches ni aux autres, ni à se faire plaisir.
Sa vie lui paraît **vide de sens** et sans avenir.
Il est **découragé**, avec une impression d'échouer en tout, d'être **inutile**, de ne plus rien valoir et que ce soit **incurable**.

S'imaginant ne pas être aimé, il **s'écarte** des personnes qui tiennent à lui, souvent il se montre désagréable.
Chacun est capable de deviner une dépression, mais la diagnostiquer pour de bon et la guérir avant qu'il ne soit trop tard seront du ressort du médecin.

L'inversion de l'humeur chez un déprimé.

Une dépression peut n'être qu'une phase d'une maladie "maniaco-dépressive". Elle alterne alors avec des phases de surexcitation : la personne parle sans arrêt, elle manifeste une "fuite des idées.

On pourrait croire qu'elle va mieux alors que le risque de suicide est encore accru.

Des ruminations exprimées :

Considérons encore comme signaux :

- Une fascination nouvelle pour les morts violentes ou pour les suicidés.
- *Je ne suis qu'un vaurien, ce sont les autres qui sont valables.* La honte interdit d'exprimer ses émotions, interdit les projets à long terme, fait perdre le contact avec soi-même et rend vulnérable au suicide.
- *Je ne suis qu'un vaurien et les autres ne valent pas mieux.* La méfiance amène les conflits, le repli sur soi et le mépris de la vie.
- *Il n'y a que moi de valable.* La vantardise, l'arrogance sont de fréquents moyens de surcompenser la perte de l'estime de soi au risque de retourner sa colère contre soi-même dans un suicide agressif.
- *J'étais contraint de vivre le rêve de ceux que j'aime et j'erre dans la vie*

Fait capital, la plupart des suicidés ont parlé de leur projet ou ont déjà fait une tentative.

La crise suicidaire

Il se néglige. Il déserte une activité qui donnait sens à sa vie.
Il dit que la vie n'a pas de sens. Il exalte le courage de ceux qui se suicident.
C'est une **urgence**.
À plus forte raison, s'il dit comment il envisage de s'y prendre et quelle arme ou autre moyen de se tuer il s'est procuré.
Ou s'il devient plus calme après une période agitée : cela peut signifier que sa décision est prise.
Ou s'il a fait antérieurement une tentative de suicide, comme indiqué plus loin.
Intermittente au début, l'idée suicidaire devient une **idée fixe**.
Les autres solutions s'estompent.
Cette idée accroît la souffrance, contre laquelle la mort est de plus en plus imaginée comme **la seule solution.**

À moi de le prendre au sérieux en écoutant plutôt qu'en parlant :
Je me garde de me moquer de lui,
de moraliser, ni de le mettre au défi.
Je lui prouve que je comprends sa détresse
et que je suis inquiet à son sujet.
J'essaye de l'aider de reconstruire ses liens avec ses proches.
Attention, ces signaux font défaut une fois sur quatre. Ce fait est capital pour éviter de se culpabiliser à tort en cas de passage à l'acte.

B - Les facteurs de risque

Des traits de caractère

- un caractère **instable**, **antisocial,** porté aux agressions
- la recherche de **sensations fortes**
- des projets peu réalistes ou peu cohérents qui s'écroulent ; une tendance à se bercer d'illusions, à se croire tout-puissant ;
- **une incapacité à tolérer les échecs ou frustrations** ;
- une incapacité à exprimer ses sentiments verbalement, tandis qu'il inscrit ses tendances suicidaires sur des forums Internet
- un besoin excessif d'attirer l'attention, de réclamer de l'affection ;
- une tendance à l'ennui ;
- une volonté rigide de perfection ;
- une homosexualité mal ressentie. 20% de ces personnes ont fait une tentative de suicide et 80% déclarent des idées suicidaires .

Cette notion est à diffuser afin de mettre un terme aux propos insultants.
L'adolescent craint souvent d'être anormal, sous l'influence des enquêtes

sociologiques, au risque de se détester.
Il est bon de lui répéter que chacun est unique, et aimé comme tel.
Le suicide peut néanmoins frapper des personnes qui n'exprimaient aucun mal-être et qui, par exemple, apparaissaient ouvertes, sensibles, généreuses, rêveuses et calmes. Tout adolescent est fragile, même s'il prend l'air d'un dur. Ainsi, aucun jeune n'est à l'abri.

Une ambiance, un contexte

La pression familiale pour réussir à tout prix à l'école, dans la vie
L'ambiance familiale interne (quand les parents sont en **conflit**, le suicide menace davantage les fils et la femme).
Les dislocations familiales sont au grand jour, mais il n'est pas facile d'être informé des troubles mentaux, tentatives de suicide, toxicomanies, **violences, maltraitances affectives, coups, tyrannies et agressions sexuelles** dans la famille. Quand la haine envahit une famille, la haine contre soi lui fait suite.
Plus banalement, l'adolescent souffre d'un manque d'affection. Il ne se confie pas volontiers à ses parents. Cela le mène à se faire une triste opinion de lui-même.
Attention, bien des parents sont trop exigeants ou veulent que le jeune réussisse ce qu'ils n'ont pas réussi. En Corée du sud, au Japon comme en Inde, dès l'école primaire, les parents exigent que l'enfant soit le premier, pour s'élever dans l'échelle sociale et gagner plus tard beaucoup d'argent. Plutôt qu'être briseurs de rêves, aux parents d'être encourageants.

"Aller à la racine du rêve pour voir ce qui est négociable avec la réalité"
J-M. Petitclerc

Prendre appui sur les réussites passées pour offrir un choix d'objectifs réalistes.
Cela, en manifestant une inébranlable confiance en sa personne et en son avenir.
"La société a besoin de l'adolescent."
Ailleurs, c'est le laxisme des parents, leur absence de réaction devant les provocations, qui donnent au jeune l'impression qu'on se désintéresse de lui.

Un événement ressenti comme une perte

L'événement peut à lui seul précipiter **l'impulsion suicidaire**,
Il s'agit en somme de **pertes** : perte d'un être aimé, d'une image idéale de soi, d'un proche ou de la société ; d'un acquis, d'une position ; du rêve enfantin de sa propre toute-puissance ou d'une providence au service de ses désirs ; ou d'un rêve d'avenir.
Faute que cette perte soit réparée, c'est la vie elle-même qui perd son sens. Une perte qui n'est pas grave objectivement peut suffire à déclencher l'impulsion si le sujet est vulnérable, intolérant aux frustrations, ou si l'ambiance est défavorable.
Cet événement ressenti comme perte est classé parmi les prédicteurs, c'est-à-dire

les indices du risque mais ce sont les **proches** qui sont les mieux placés pour remarquer **les changements du comportement** et de ne pas hésiter à poser la question **d'idées noires**. Cela, à condition que les proches soient motivés et formés.
Le suicide cause 9,4% des années de vie perdues, ce qui lui donne le troisième rang en France.

La prévention du suicide est donc l'affaire de tout le monde en ce qu'elle dépend des échanges immédiats d'observations et d'informations entre les proches formés et les professionnels.
Ce qui laisse une chance en permanence,
c'est que l'adolescent désespéré est **partagé :**
partagé entre la peur de l'acte,
le désir de mourir,
et le désir de vivre autrement, au risque de l'absurde.

C - L'aide à apporter :

Cinq points essentiels :

- Si un désespoir se révèle, je laisse longuement parler.
- Le moment venu, je donne l'adresse et le numéro de téléphone d'un professionnel de santé.
- En cas de refus, je donne l'adresse et le numéro de téléphone d'une association accessible à toute heure.
- J'essaye d'obtenir l'adresse et le numéro de téléphone d'un ami ou d'un partenaire sentimental.
- Cela, tout en restant disponible en permanence.

Se déculpabiliser

Quiconque pourrait s'**accuser** d'avoir été incapable d'apprécier à sa juste valeur l'appel d'un proche.
Ce serait une **erreur**, pour plusieurs raisons :

- La proportion des suicides impulsifs, décidés en moins de cinq minutes, impossibles à prévoir, est bien plus importante qu'on ne l'imaginait : 40% à 24%. Il faut le répéter pour déculpabiliser les parents qui se reprocheraient de n'avoir pas vu venir.
- Les publications ne montrent que des **corrélations**, mais sans que soit établis des liens de cause à effet.
- Il ne faut pas confondre vulnérabilité et fatalité.
- Les signaux et indices énumérés ci-dessus sont **si nombreux** qu'on ne trouverait aisément ni un parent ou un psychiatre qui les garde tous en mémoire, ni un adolescent qui en soit exempt.

Parler des raisons de vivre

Pourtant, l'immense majorité des adolescents ne tente pas de se suicider. Si l'on n'envisage que leurs raisons de s'enlever la vie, on néglige leurs raisons de vivre.

Qui sait prédire quel penchant prendra le dessus ?

Dans le livre de M-L. Morin, Claude Thibault transmet ce mot d'une adolescente qui s'est ravisée après un épisode suicidaire :

« La vie, c'est pour la vie.»

Aux proches de ne pas disperser leur attention, ni entretenir une anxiété qui pourrait devenir contagieuse. Plutôt se concentrer sur les signaux avertisseurs placés en tête de cette Page, et maintenir **une ambiance de confiance**

Redisons que le principal indice du risque est le fait d'avoir déjà fait une **tentative** de suicide. Une pareille **confidence** ne vient que si le jeune se sent encouragé à dire ce qu'il a sur le cœur, et les **occasions** ne manquent pas : conduite à risques, humeur dépressive ou impulsive, repli sur soi, événement ressenti comme une perte.

Si ce n'est pas moi qui prends les signaux au sérieux immédiatement, qui le fera ?

Deviner l'imminence du suicide, c'est discerner le cri pour une vie autre qu'elle n'est et bien entendu faire accepter l'idée d'une aide.

c) – adresses qui peuvent être utiles

Ne pas hésiter à appeler des n°s d'urgence ou d'association en cas de problème

En Corée :

Love-Line (Sarang - Jonwha) Counselling Centre
Shingongduk-dong 9-22
Mapo-gu
SEOUL
Hotline: (2) 715 8600
Hotline: (2) 716 8600
Hotline: (2) 717 8600
Hotline: (2) 718 8600
Website: counsel24.com/
24 Hour service:
Seoul
KPO Box 1259
110-612
SEOUL
Contact by: - Phone
Hotline: (02) 916-9191

http://www.suicideprevention.or.kr/
한국자살예방협회
(Korean Association for Suicide Prevention)

En France :

SOS Suicide - Phénix : *Prévention* du *suicide chez les jeunes*
www.sos-suicide-phenix.org/
SEPIA : *Suicide* Ecoute *Prevention* Intervention auprès des jeunes
www.sepia.asso.fr/

Aux Etats-Unis :

http://www.teenhopeline.com/

En Suède :

http://www.bris.se/
Barnens rätt i samhället - Med BRIS kan du ringa, maila och chatta om vad som helst, ingenting är för stort eller för litet, för konstigt eller för vanligt. En vuxen på BRIS svarar i telefon, på ditt mail eller chattar, och du är alltid anonym.

http://www.jourhavande-medmanniska.com/
Jourhavande med människa - Vi som är med i Jourhavande medmänniska är vanliga medmänniskor som vill dela med oss av vår tid och vårt engagemang till dem som ringer oss och behöver just det. Vi är inte kuratorer, psykologer eller läkare eller personer med någon annan specialkompetens än att vara just vanliga människor.

http://www.hjalplinjen.se/
Hjälplinjen erbjuder stöd för människor i psykisk kris eller i andra svåra livssituationer. Hjälplinjen drivs av ideella brukar- och anhörigorganisationer på det psykiska hälsoområdet. Hjälplinjen får statliga bidrag under kontroll av Socialstyrelsen. Vi erbjuder professionellt, anonymt och kostnadsfritt stöd och hänvisning.
"Aide en ligne" **-** L'aide en ligne offre une assistance aux personnes en situation de crise mentale ou d'autres situations de vie difficiles.

En Russie :

http://www.genon.ru/

http://www.pobedish.ru/
http://www.nosuicid.ru/

J'ai essayé ...

Alors je pourrai dire

au Suicide !

Plus jamais ça !

Que tu aies 17 ou 22 ans
La question de la drogue ne peut te laisser indifférent…

1- **Une fuite en avant : la drogue.**
2- **Guide linguistique**
3- **Guide documentaire**

1- Une fuite en avant : la drogue

Mélanie et Chloé sont les meilleures amies du monde, elles partagent* tout, les petits secrets, les vêtements, les copains, les sorties…
Bref, elles sont inséparables*…
Mélanie est curieuse de tout, ouverte et spontanée, aventurière ; Chloé est plus discrète, plus réservée et surtout plus méfiante, mais toutes les deux se complètent bien et croquent la vie à pleines dents*.

L'invitation de Guilhem :

« Salut Chloé », dit Mélanie, en embrassant son amie à l'entrée du lycee. « Tu vas bien ? Tu as passé un bon dimanche ? »
« Oui, ça va, j'ai accompagné mes parents à la maison de campagne* et j'ai aidé ma mère à préparer des gâteaux pour l'anniversaire de ma petite sœur... »
« C'était pas trop pénible et ennuyeux ? »
« Non, c'était plutot sympa, tous ces petits mômes* autour de nous. »
« Eh bien moi, je n'ai rien fait de spécial et me suis ennuyée à mourir* à la maison ... Tous les copains étaient occupés à faire du sport ou autre... En plus, c'est de pire en pire avec mes parents, vraiment. On ne se comprend plus... »
« A propos, il paraît que Guilhem organise une « boom* » chez lui, samedi prochain, tu crois qu'il va nous inviter ? »
« Justement, le voilà », chuchote Cloé, en voyant Guilhem se diriger vers elles...
« Salut les filles... alors encore en train de comploter* ? »
« Tu plaisantes », rétorque* Mélanie. « On se demandait seulement si tu avais pensé à nous pour ta boom? »
« Evidemment, jamais je n'oublierais d'inviter de superbes filles comme vous... Alors, vous êtes libres samedi, pour une méga* fête à la maison ? »
« Pas de problème... » répondent les deux copines d'une même voix... « Et qui invites-tu ? »
« Les mêmes que d'habitude, c'est à dire les gens de la seconde A, des gens de la seconde B, des copains de mon club de foot et deux jeunes « hyper cool* », que j'ai rencontrés au cyber café*. »
« On ne les connaît pas », dit Chloé. « Ils viennent d'où ? »
« Du lycée Claude Monet, vous verrez, ils sont très sympas... Et puis, il faut bien ouvrir un peu notre bande aux autres ... dit Guilhem en se moquant un peu des craintes de Chloé. »
« Est-ce qu'ils sont mignons ? » continue Mélanie, en clignant les yeux vers Chloé...
« Ah, tout de suite ! » dit Guilhem. « Je ne peux pas te dire, je les ai rencontrés par internet, et ai seulement discuté des heures avec eux, sur le « chat* »... C'est amusant de faire des rencontres ainsi, non ? »
« Peut-être », dit Chloé, un peu dubitative*. « Et sinon, qu'est-ce qu'on doit emmener, des sodas, des pizzas, des gâteaux ? »
« Vous venez avec des C.D et je m'occupe du reste », répond Guilhem avec une expression étrange...

« De quoi veux-tu parler », demande Mélanie, intriguée *?
« Ah, ah, surprise ! » lanca Guilhem avec mystère. « Vous verrez bien. Vous êtes trop curieuses… »
« Bon, OK, à partir de quelle heure commence ta boom », fait Chloé ?
« On démarre la fête à 17 heures et pour toute la nuit !!! »

La préparation de la fête :

Nos deux amies étaient très excitées, comme pour chaque nouvelle fête…
Bien entendu, elles adoraient se retrouver toutes les deux, faire les boutiques* pour s'acheter de nouveaux vêtements, aller au ciné ou encore à la patinoire…
Mais aller à une boom, en plus en soirée, c'était tout autre chose !
D'abord, parce qu'on rencontre les copains avec qui on ne peut pas trop parler au lycée par manque de temps, et puis on peut danser, rigoler, parfois même boire un petit peu de bière, faire les « fous », s'éclater*, quoi !
De plus, chez Guilhem, c'est toujours super bien réussi !
Il a le chic* pour mettre une super ambiance, que ce soit chez lui ou chez les autres.
Nos deux amies allèrent ensemble faire les boutiques, mercredi après-midi* après le cours de maths, pour s'acheter de nouveaux habits, tout spécialement pour la fête… Elles se sont acheté des choses très à la mode, pour cette occasion, et aussi pour plaire aux nouveaux venus…
Il fallait encore attendre trois jours, avant cette « boom », et c'était trop long…
Elles étaient impatientes, et avaient des difficultés à parler d'autre chose que de la fête. Il y avait une excitation générale dans la classe, comme à chaque fois.
C'est tellement sympa de se retrouver tous ensemble, sans les parents, à faire la fête entre jeunes du même âge.

« Allo, Chloé, c'est Mélanie, tu viens dormir chez moi ce soir, comme ça, nous pourrons aller en bus, ensemble demain, chez Guilhem. Et puis mes parents verront que je ne leur raconte pas d'histoires* ! Ils ont tellement confiance en toi … »
« Oui, super ! C'est très sympa de ta part. J'emporte mes CD, et deux bouteilles d'Orangina*... En ce qui concerne tes parents, fais attention de ne pas trop les provoquer*, essaie de les comprendre un peu. Sinon, qu'est-ce qu'on peut préparer d'autre pour la fête ? »

« On pourra faire un gâteau ensemble, à la maison, qu'on apportera à la fête », ajouta Mélanie.
« Oui, bonne idée. Tu sais, j'ai rêvé toute la nuit de cette fête, et j'ai ressenti une certaine angoisse, comme si quelque chose allait nous arriver... Un pressentiment*... » chuchota Chloé.
« Arrête, petite soeur, tu dis ça parce que tu ne vas pas connaître tout le monde, mais ça va être génial, j'en suis sûre... »
« Tu parles ! Les parents de Guilhem ne seront pas là, et s'il se passe quoi que ce soit... »
« Que veux-tu qu'il se passe ? » coupa Mélanie. « On va s'éclater, discuter avec les copains, rencontrer des gens nouveaux et c'est tout... Tu verras, tu vas adorer* cette fête. En attendant, on va passer la soirée ensemble et se faire belles pour demain, d'accord ? »
« Oui, tu as raison », fit Chloé. « Je m'inquiète pour rien, sûrement. A tout à l'heure. Tchao ! »

La « Méga Boom »

Nous sommes samedi, enfin ! Nos deux amies sont fin* prêtes. Elles ont passé des heures dans la salle de bains, pour les essayages d'habits, pour se maquiller. Elles arrivent chez Guilhem.

« Salut, les soeurettes*, ouah ! Super votre look, vous avez fait très fort* aujourd'hui. Vous avez des CD ? Super ! Vous avez fait un gâteau, aussi, c'est « trop sympa », vraiment. Allez, faites comme chez vous, entrez, et éclatez-vous... »
« Merci de ton accueil, on est les dernières, à ce que je vois... »
« Non, non, j'attends encore quelques personnes. Mais venez, mes « cyber potes* » sont arrivés, je vous les présente. »
« D'accord, on est volontaire ! » dit Mélanie, en prenant sa copine Chloé par le bras. « On va leur faire connaître le reste de la bande* ».

L 'un, plaît tout de suite à Mélanie : un grand brun, habillé tout en noir. Il s'appelle Alex, l'autre tout blond, les cheveux en brosse*, un superbe sourire, plus petit, s'appelle Paul. Il semble, quant à lui, s'intéresser à Chloé, qui, de son côté se méfie* énormément de ces deux garcons, même si leur look lui plaît beaucoup.
De plus, Mélanie s'entend à merveille* avec ces deux nouveaux. Ils ont effectivement quelque chose de différent des garçons de la classe, elles ne

savent pas encore quoi. Ils ne parlent pas que de foot et de skate, semblent plus matures*.
Et puis, surtout, ils s'intéressent à elles, leur font découvrir des choses. Ils leur parlent de musique et de groupes qu'elles ne connaissent pas. Ils leur racontent ce que sont des « rave-parties* », et comme ils s'y éclatent…
« Vous savez », dit Alex. « C'est super, ces « raves », on se fait inviter par le net*, on rencontre toujours des gens nouveaux, tous plus drôles et fous les uns que les autres ; ça se passe dans des usines ou hangars désaffectés*, et tout le monde danse, s'éclate toute la nuit… »
« Vos parents vous laissent y aller comme vous voulez », demande Mélanie, incrédule*
« Oui, mais on ne leur dit pas tout ce qui s'y passe… » fait Alex…
« On transforme la réalité », ajoute Paul
« Vous leur mentez ? » crie Chloé, surprise.
« Non, pas vraiment, mais il n'est pas possible de leur dire qu'il y a de l'alcool ou de la drogue, car sinon, ils ne voudront pas qu'on y aille* », ajoute Alex.
« Et on vous en a déjà proposée », demande Mélanie.
« Oui… » fait Paul, sans en dire davantage*.
« Et vous avez testé ? » renchérit Chloé, en fronçant les sourcils* comme un prof en colère !

A ce moment Guilhem appelle les deux garçons qui sont en fait, les « DJ* » de la soirée…
La surprise est là, ils vont animer une soirée « techno » chez Guilhem…
Mélanie est survoltée, elle est complètement conquise*.
Chloé est plus réservée, car elle n'a pas eu sa réponse à la question de la drogue… Elle est certaine que ces deux garçons en prennent et régulièrement et pour elle, c'est une barrière insurmontable.
Elle ne peut pas se prendre d'amitié pour ce genre de jeunes, c'est au-dessus de ses forces, cela l'effraie…
Son éducation, la confiance de ses parents, tout ce qu'elle a lu ou entendu à propos des risques pour la santé et autres, font qu'elle ne comprend pas cette attirance pour ces choses.
Néanmoins, elle est très attirée par ce côté très sympa, ouvert de Paul et Alex, qui sont adorables avec elles, prévenants, leur apportant à boire, à manger, les invitant à danser… ne les laissant pas une seconde seules, à en faire pâlir de jalousie* toutes les autres invitées !
Elle ne veut donc pas gâcher la soirée à son amie Mélanie et danse toute la nuit. Elle se promet tout de même d'en reparler dès le lendemain, après la fête, car elle sait que Mélanie a déjà eu envie d'essayer une fois à un

concert de rock, et qu'elle ne ratera pas une seconde opportunité*.
La soirée se termine aux aurores*. Les deux filles se sont bien amusées, elles ont « adoré » cette fête. Elles remercient chaudement Guilhem pour l'invitation. Elles échangent les numéros de téléphone avec leurs nouveaux copains Alex et Paul et promettent de se revoir le mercredi suivant.

Séparation annoncée...

Nos deux amies sont rentrées chez elles, enchantées* de leur soirée. Elles s'étaient vraiment « éclatées »...
De surcroît*, elles ont maintenant deux nouveaux amis, Paul et Alex, qui les ont conviées* à venir passer le mercredi après-midi chez eux.
Les filles ont beaucoup parlé de ces nouveaux amis et ne sont pas tout à fait d'accord.
Mélanie est très admirative, très attirée par Alex et Paul.
Ils lui donnent l'impression d'être libres, que rien ne les dérange dans leur vie de jeunes. Ils ont pris leur vie en mains, selon elle et ça lui plait bien de savoir qu'ils l'ont élue, elle, comme nouvelle amie à qui ils font confiance, avec qui ils se sentent si bien qu'ils l'invitent dès le jour de libre suivant pour partager un moment ensemble...
Elle est si curieuse de tout qu'elle veut tout découvrir, ne rien rater* de sa jeunesse. Elle veut vivre à cent à l'heure*...
Chloé, n'est pas autant captivée par ces garçons. Leur apparence de liberté la dérange, ils sont trop différents d'elle, parlent de choses qu'elle ne connaît pas.
Elles trouvent qu'ils pensent plus à faire la fête qu'à se consacrer à leurs études, elle qui est une étudiante sérieuse, qui veut réussir à tout prix*, pour

devenir un jour, pédiatre.

Elle aime aussi s'amuser, mais elle ne veut pas que cela perturbe* son travail scolaire.

Mélanie n'ose pas y aller seule, Chloé hésite.

« Allez, viens, ils sont super sympas, et puis tu ne vas pas me laisser y aller seule… » supplie Mélanie.

« Non, cela ne me dit rien. Je veux bien les voir à une fête, mais je ne veux pas aller chez eux, seule avec toi. Je ne le « sens* » pas cet après midi… » fait Chloé.

« Mais qu'est-ce que tu leur reproches à la fin, il n'y a pas plus sympa et chaleureux* qu'eux. Ils ne sont ni violents, ni bandits, ni rien… Ils veulent seulement nous faire découvrir leur univers, leur musique, et c'est tout… Tu ne peux pas me faire ça et me laisser tomber… » gémit Mélanie.

« Je suis sûre qu'ils vont nous faire fumer des trucs*, et en fait moi, cela ne m'attire pas du tout, c'est même le contraire… » dit Chloé avec un peu d'effroi dans la voix. « Je ne leur fais pas confiance, c'est tout. Et puis, on a danse*, tu sais à 16 h. Tu ne vas pas venir ? »

« Si, si. Enfin j'essaierai d'être à l'heure. Mais, tu sais, j'en ai un peu marre de toujours faire la même chose, j'ai envie de changer un peu de vie ! » répond Mélanie.

« Quoi ? Mais qu'est-ce que tu me racontes ? Tu adores la danse, et c'est toi qui m'as poussée à m'inscrire… » hurle Chloé avec beaucoup d'irritation.

« Oui, petite sœur, ne te fâche pas, mais j'ai davantage envie d'aller chez Alex, juste une fois pour voir… Essaie de me comprendre. Je fais toujours la même chose depuis des années, mes parents n'arrêtent pas de me disputer pour trois fois rien en ce moment et ces deux garçons me donnent l'impression d'exister, enfin… » dit Mélanie.

« Parce que moi, je ne te donne pas l'impression d'exister ? » remarque Chloé, un peu calmée.

« Si bien sûr, mais c'est pas pareil… »

« OK, j'ai compris. Tu iras seule, je ne viens pas. Je t'aurai avertie*… Prends soin de toi*tout de même et appelle-moi ce soir pour me raconter. Promis ? »

« C'est promis. Bisous ma Chloé* ».

Le doute

Pour la première fois, les filles se séparent*.

C'est très dur pour les deux…

Chloé attend Mélanie à la danse, mais elle ne vient pas.

Chloé espérait qu'elle change d'avis...
Le soir, Chloé attend le coup de fil de son amie, pour qu'elle lui raconte son après-midi, mais rien.
Alors elle appelle une fois, deux fois puis trois, toujours rien.
Que se passe-t-il ?
C'est aussi la première fois que Mélanie ne tient pas ses promesses.
La maman de Chloé essaie rassurer sa fille, lui disant que Mélanie était peut-être rentrée trop tard pour appeler.
Mais Chloé sait que les parents de Mélanie sont très stricts* sur les horaires et que c'est autre chose : Mélanie n'a pas envie de raconter...
Quelquechose est en train de se casser, quelque chose est en train de les séparer...
Le lendemain, au lycée, Mélanie vient embrasser son amie comme si de rien n'était, toute excitée... Elle est comme sur un petit nuage...
« Salut, ma toute belle ! Tu vas bien ? » lance Mélanie à son amie.
« Euh! Oui », fait Chloé quelque peu surprise par cette insouciance inabituelle*. « Tu n'es pas venue hier à la danse, je t'ai attendue... Et puis, ça n'est vraiment pas sympa de ne pas m'avoir appelée pour me raconter... »
« Oui, excuse-moi, j'ai oublié... »
« Oublié ? Mais ça ne t'arrive jamais ! Qu'est ce qui s'est passé chez Alex ? »
« Oh! Rien de spécial », répond Mélanie un peu distante*.
« Raconte ! S'il te plaît ! » supplie Chloé un peu curieuse d'en savoir davantage.
« Eh bien, ils avaient d'autres amis qui jouent de la musique avec qui j'ai fait connaissance, super ! On a discuté, écouté de la musique et voilà... »
« Et c'est tout, et c'est pour cela que tu as oublié de m'appeler ? Tu es sûre que tu ne me caches rien, Mélanie... dis-moi », insiste Chloé qui trouve que son amie n'est pas comme d'habitude, plus évasive*, plus distraite.
« Non, je ne te cache rien... Tu n'avais qu'à venir après tout ! » répond un peu sèchement* Mélanie.
« Mais Mélie, pourquoi tu me parles ainsi... Je suis ton amie, tu ne me fais plus confiance ? »
« Bon, qu'est-ce que tu veux vraiment savoir ; si je me suis bien amusée ou autre chose ? Oui, je me suis super éclatée, j'ai adoré l'après midi que j'ai passé avec eux et arrête de me poser tant de questions. La prochaine fois tu viendras et puis c'est tout. »
« Mélanie, tu ne m'as jamais parlé ainsi. Si tu ne veux rien me raconter, OK... Mais ne sois pas méchante, je suis ton amie et je me suis inquiétée pour toi, c'est tout... Excuse-moi d'insister, mais t'ont-ils fait fumer quelque chose* ?
« Arrête avec ces questions ma petite Chloé, si tu veux que nous restions

amies. L'important c'est d'être heureuse, non ? C'est toujours ce que tu m'as dit, non ? Allez, c'est l'heure d'entrer en cours, tu viens ? »

Chloé n'en revient pas, elle ne reconnaît pas son amie… sa meilleure amie, sa sœur, avec qui elle partage tout, les secrets, les rires, les joies, les peines… Mélanie la fuit, c'est certain, comme si elle cachait quelque chose, comme si elle ne voulait plus d'elle, comme si quelque chose avait bouleversé* leur amitié…
Ce quelque chose n'inspirait rien de bon à Chloé, mais que faire ?

L'inquiétude :

Au fil des jours et des semaines, les deux amies passent de moins en moins de temps ensemble.
Mélanie s'éloigne* de Chloé et celle-ci ne comprend plus son amie.
Il n'y a plus de coups de fil interminables entre les deux filles, le soir après le lycée.
Elles ne rient plus ensemble des histoires des garçons, ne vont plus faire les boutiques pour dénicher* la dernière petite jupe fantaisie…
Lorsque Chloé appelle Mélanie pour l'inviter pour une balade en ville ou chez elle, ou bien elle accepte, puis oublie de venir ou bien refuse pour des prétextes futiles*…
Au lycée, Mélanie est tantôt hyper active*, excitée, répondant à toutes les questions que posent les profs, tantôt morose*, somnolente…
Elle manque de plus en plus les cours du matin, prétextant des problèmes de bus, comme elle habite à la campagne.
Parfois même, elle s'endort en classe.
« Mélanie, Mélanie, réveille-toi, c'est ton tour pour l'exposé », chuchote Chloé à son amie, assise à côté d'elle mais dans un demi-éveil*…
« Oui, quoi, qu'est-ce qui se passe ? Quel exposé ? »
« Ton exposé d'anglais, tu l'as préparé au moins ; le prof l'a donné il y a plus d'un mois, on avait fait le plan ensemble, tu devais faire la seconde partie, je te l'ai rappelé sans arrêt… » s'énerve Chloé.
« Non », fait Mélanie, paniquée*. « J'ai complètement oublié ! »
« Qu'est-ce que je vais faire ? Mais bon sang, Mélanie, ça ne peut plus durer, toi qui étais si bonne, toujours la première en anglais, mais réagis… »
« Je ne me sens pas bien, j'ai la tête qui tourne, les jambes qui flageolent*, aide-moi, ma Chloé… Pardon, pardon ! »
« Qu'est-ce qui t'arrive ? Mélanie, réponds, réponds ! »

« Mon cœur bat la chamade*, ne dis rien à la prof, je t'en supplie ! » chuchote Mélanie toute tremblante.
« Mais que veux-tu que je fasse ? Regarde-toi, tu es livide*... Qu'est-ce que tu as fumé, dis-moi, qu'est-ce qui t'a rendu comme ça ? » crie Chloé affolée* par l'état de son amie.
« Que se passe-t-il les filles ? » demande brusquement Melle Loison, le professeur d'anglais ?
« Rien ! Mademoiselle, rien ! C'est Mélanie, qui n'est pas bien, elle a sûrement attrapé un sale virus. Puis-je l'emmener à l'infirmerie ? Nous ferons l'exposé ensuite, si vous voulez bien... »
« Oui, bien entendu, êtes-vous certaine de ne pas vouloir d'aide ? » demande Melle Loison.
« Non, non, je vais y arriver toute seule », dit Chloé, voulant protéger son amie.

Elles sortent de la classe.
Mélanie est livide et ne sent plus son corps ; réussit à peine à adresser un « merci, petite sœur » à sa copine.

« Dis-moi pourquoi, pourquoi tu n'as pas voulu m'écouter ? » marmonne* Chloé en pleurant... « Qu'est-ce que je vais dire à l'infirmière, qu'est-ce que je vais lui dire ? »
« Ne lui dis rien, invente... » gémit Mélanie...
« Quoi, mais quoi ? Il faut te soigner, il faut que tu arrêtes tout ça, je ne peux plus supporter de te voir comme ça, non, c'est trop, pas toi Mélanie... » sanglote* Chloé.
Elles arrivent à l'infirmerie et les parents de Mélanie sont appelés.
Chloé n'en saura pas davantage.
Elle est très inquiète car les parents de Mélanie ne veulent rien dire de ce qui s'est passé, de la santé physique et mentale de leur fille.
Tout ce que Chloé a pu savoir c'est que Mélanie est punie, ne peut plus répondre au téléphone et n'a plus le droit de sortir...

L'incompréhension...

Il est 7h45, Chloé attend Mélanie devant la grille* du lycée.
Cela fait quatre jours qu'elle a eu son malaise et qu'elle n'est pas revenue en classe.
Chloé et ses camarades sont inquiets. Chloé ne leur a rien dit, même si elle soupçonne les raisons des changements d'attitude de son amie, de son enfermement*. Elle veut la protéger pour essayer de sauver encore quelque chose, mais elle ne sait pas comment aider son amie qui a fui son amitié, comment l'aider malgré elle.
Mélanie arrive, accompagnée de son père. Ils se dirigent vers le bureau du proviseur* et n'en ressortent que quelques minutes plus tard.
Le père de Mélanie semble effondré. Mélanie semble « absente* », mais en forme, et adresse un large sourire à son amie.
La sonnerie de huit heures résonne dans tout le lycée et Mélanie rejoint Chloé et sa classe.
« Comme je suis heureuse de te revoir », fait Mélanie en embrassant tendrement sa meilleure amie Chloé .
« Et moi donc ! » hurle de joie Chloé, les larmes aux yeux.
« Je suis désolée pour tout le mal que je t'ai fait, je ne t'ai pas oubliée, mais tu sais, ce que j'ai découvert avec les autres est tellement nouveau, tellement magique... »
« Mais Mélanie, comment tu peux dire cela ? Tu as vu dans quel état tu étais, l'autre jour au lycée ? Depuis deux mois, tu n'étais plus la même, tu ne reconnaissais plus personne ; tu étais sur une autre planète...
« Mais non, ce n'est pas si grave, je te promets de faire attention. Le seul problème, c'est que mes parents sont au courant et que c'est encore pire avec eux maintenant. Je ne peux plus rien faire en dehors du lycée. C'est terrible ! Les copains me manquent... »
« Tu es certaine que ce sont tes copains, ou bien tout ce qui va autour... » dit Chloé tout doucement pour ne pas froisser* son amie, devenue finalement si vulnérable*.
« Le tout, je crois... » dit Mélanie un peu gênée...
« Mais il va bien falloir retrouver une vie normale, avec tes parents, avec l'école, avec nous... tu ne crois pas, soeurette ? »
« Où est la vie normale ? Est-ce la tienne, la mienne, celle que veulent mes parents pour moi ? Qui fait attention à mes désirs à moi ? Qui a envie de savoir si je suis heureuse ou pas ? » se mit subitement* à crier Mélanie.
« Calme-toi, s'il te plaît... Tu ne parlais pas ainsi avant de rencontrer Alex et Paul. Tu étais heureuse de ce qu'on faisait ensemble. C'est cette imbécillité

de drogue qui te fait délirer et avoir ces idées… Ce n'est pas la vraie Mélanie… »

« Je ne sais même plus où est la vraie Mélanie », finit par dire bien tristement Mélanie en se dirigeant vers la classe où le prof de maths les attendait.

Le lendemain Mélanie revient en cours l'après-midi avec les yeux gonflés* par les larmes.

Elle s'était disputée avec ses parents une fois encore car ils ne voulaient plus qu'elle revoit ses amis Alex et Paul.

Mélanie dit qu'elle va tout laisser tomber, et qu'elle va partir loin…

Elle recommence à délirer. Chloé la raccompagne chez elle et essaie de raisonner son amie mais il n'y a rien à faire.

Chloé ne sait pas quoi faire car elle craint le pire.

Le lendemain, Mélanie ne vient pas en cours.

Le surlendemain* non plus…

Pas de nouvelles…

Le troisième jour, le proviseur entre en classe, très pâle :

« Je voudrais attirer votre attention sur un problème qui nous touche tous et plus particulièrement vous les jeunes : la drogue…

Une de vos camarades de classe, Mélanie, est aux « urgences » de l'hôpital, elle a fait une overdose* chez des amis du lycée voisin.

Elle lutte entre la vie et la mort. »

Chloé et ses camarades s'écroulent de chagrin*.

C'est le choc !

2- Guide Linguistique :

Introduction :

« partagent » : du verbe partager, mettent tout en commun, leurs idées, amis, vêtements.

« inséparables » : qu'on ne peut pas séparer, diviser en deux.

« croquent la vie à pleines dents » : expression qui veut dire profiter pleinement, intensément de la vie.

L'invitation de Guilhem :

« maison de campagne » : dacha
« mômes » : mot familer pour dire enfants
« s'ennuyer à mourir » : s'ennuyer très fortement
« boom » : fête dansante entre jeunes
« comploter » : préparer quelquechose en cachette, en secret contre quelqu'un ou contre un groupe
« rétorquer » : répondre aves opposition
« méga » : terme à la mode pour dire immense
« hyper cool » : terme à la mode pour dire très sympathique, très ouvert
« cyber café » : café où les jeunes peuvent utiliser internet
« le chat » : moyen de discuter en direct avec d'autres personnes grâce à internet
« dubitative » : qui doute

« intriguée » : curieuse et inquiète en même temps

La préparation de la fête :

« faire les boutiques » : aller dans les magasins pour vêtements, en général
« s'éclater » : faire la fête sans limite
« il a le chic » : il est doué pour…
« mercredi après-midi » : en France, en règle générale, il y a une coupure dans la semaine. Ainsi, le mercredi toute la journée pour le primaire et après-midi pour le collège et lycée sont libres
« raconter des histoires » : ici veut dire mentir
« orangina » : soda à l'agrume d'orange, très aimé des français
« provoquer » : pousser les gens à bout de nerfs
« pressentiment » : sentiment par avance qu'il va se passer quelque chose.
« adorer » : terme un peu fort pour dire beaucoup aimer

La Méga Boom :

« fin prêtes » : bien prêtes
« soeurettes » : ici veut dire deux amies inséparables, comme deux petites sœurs
« vous avez fait très fort » : vous avez fait le maximum pour être les plus belles.
« cyber-potes » : amis que l'on se fait au café internet
« bande » : plusieurs amis qui sont ensemble car ils partagent les mêmes goûts, mêmes loisirs, etc…
« en brosse » : cheveux peignés en l'air comme une brosse à cheveux
« se méfier » : ne pas s'ouvrir immédiatement aux autres, ne pas avoir confiance
« à merveille » : très bien
« matures » : plus âgés, plus d'expérience
« rave parties » : soirées entre jeunes, organisées dans des lieux divers avec de la musique techno
« net » : diminutif de internet
« désaffecté(e) » : qui ne sert plus, qui est hors d'usage
« incrédule » : surpris(e) mêlée du doute
« aille » : subjonctif du verbe aller
« davantage » : encore plus
« froncer les sourcils » : expression du visage montrant soit une inquiétude soit une méfiance
« DJ » : Disque Joker, animateur d'une soirée de musique
« conquise » : ici, veut dire envoûtée
« pâlir de jalousie » : expression qui veut dire devenir blanc par mécontentement, jalousie

« opportunité » : occasion, chance
« aurores » : petit matin

Séparation annoncée :

« enchantées » : très contentes
« conviées » : invitées
« à cent à l'heure » : expression qui veut dire vivre à toutes vitesses et ne rien laisser passer
« à tout prix » : absolument
« perturbe » : du verbe perturber qui veut dire déranger
« je ne le sens pas » : ici, je n'ai pas confiance
« chaleureux » : ouverts et donnant du bonheur
« trucs » : ici signifie drogues
« on a danse » : on a cours de danse
« je t'aurai avertie » : je t'aurai prévenue
« prends soin de toi » : fais attention à toi
« bisous ma Chloé » : « ma » est un signe très affectif

Le Doute :

« se séparent » : du verbe se séparer, vont chacune de leur côté
« stricts » : durs, difficiles
« inhabituelle » : peu fréquente
« distante » : froide, non chaleureuse
« plus évasive » : ne donnant pas de réponse précise
« sèchement » : un peu énervé, d'une manière directe
« fumer quelque chose » : fumer de la drogue : herbe, cannabis…
« bouleversé » : ici, signifie transformé

L'inquiétude :

« s'éloigne » : du verbe s'éloigner, prendre de la distance par rapport à son amie
« dénicher » : trouver
« futile » : sans intérêt
« hyper active » : très énergique

« morose » : triste, en perte de vitalité
« demi-éveil » : à moitié endormi
« paniquée » : prise par une très grande peur
« flageolent » : du verbe flageoler, qui signifie ici, trembler
« battre la chamade » : battre très fort
« livide » : toute blanche
« affolée » : ayant très peur, sans pouvoir se raisonner
« marmonne » : du verbe marmonner qui veut dire parler tout bas, d'une manière peu compréhensible
« sanglote » : du verbe sangloter, pleurer

L'incompréhension :

« la grille » : la porte du lycée
« enfermement » : se replie, se referme sur elle même
« proviseur » : nom du directeur d'un établissement
« absente » : ici, signifie en dehors de la réalité, ailleurs
« froisser » : vexer, fâcher
« vulnérable » : fragile
« gonflés » : devenus plus gros, par les pleurs
« surlendemain » : deux jours plus tard
« overdose » : dose trop forte pour le corps
« s'écroulent de chagrin » : sont pris d'une très grande tristesse

3 - Guide documentaire de l'élève :

a)- Propositions de réflexion, de discussion

- Lis le texte en classe avec ton professeur de langues, pour étudier tout nouveau vocabulaire
- Quelle est l'histoire de l'adolescente Mélanie : sa personnalité, celle de son amie, peux-tu faire des comparaisons ?
- As-tu relevé des éléments qui annonçaient que Mélanie allait se droguer, lesquels ?
- As-tu noté petit à petit les signes de cette transformation de Mélanie ? Lesquels ?
- Que pouvait faire son amie, ses camarades, ses parents pour éviter cela ? Pouvaient-ils aider Mélanie ? Comment ?
- As-tu déjà été confronté à la drogue ? Dans quelles occasions ?
- Sais-tu comment aider quelqu'un qui se drogue, repérer les changements ?
- Saurais-tu à qui parler de cela ?
- Connais-tu les risques pour la santé ? Vis à vis de la loi ?
- Que penses-tu de cette histoire et du problème de la drogue ?

b)- Proposition d'informations

Pourquoi se drogue-t-on ?

Pour voir (par curiosité, par excitation de l'interdit, pour faire comme les copains), A l'occasion (concert, fête chez des amis…)
Parce qu'on ne se sent pas très bien dans sa peau (on se cherche une personnalité, on ne trouve pas sa place dans la famille, dans un groupe)

Peux-tu essayer une fois et être « accro » immédiatement?

Oui et Non, tu verras dans le paragraphe suivant, en fonction des drogues prises.
Cependant, pour toute drogue prise comme une potion magique, pour surmonter des difficultés, il y a risque de dépendance. Personne ne peut dire, la première fois, qu'il pourra s'en arrêter là et ne pas avoir envie de recommencer, alors dans ce cas le corps et l'esprit seront en état de dépendance, de « manque », et demanderont toujours plus.
C'est ce qu'on appelle alors la toxicomanie

Que risques-tu ?

-a- Pour ta santé, selon la nature de la drogue :

. dépendance physique et psychologique
. perte de mémoire, manque de concentration
. troubles psychiatriques graves
. accidents cardiaques et pulmonaires, overdose
. infections dûes à la seringue : hépatite, sida, etc…

-b- Pour ta vie de tous les jours :

. obsession de la recherche de drogue
. perte de liberté
. isolement
. marginalisation
. exclusion

-c- Vis à vis de la loi :

. En France, la loi sur les usages interdits de drogues (canabis, ecstasy, LSD, héroïne…) date du 31.12.1970.
. L'usage est interdit, et si l'on consomme, on peut être arrêté par la police et présenté à la justice.
. Le trafic n'est pas autorisé et peut donner lieu à de fortes peines (Amendes, prison…)

-d- Dans ton pays, quelles sont les règles ?

c)- des adresses pour t'aider

En Corée :

http://www.drugfree.or.kr/
한국마약퇴치운동본부
(Korean Association Against Drug Abuse)

En France :

Conseils Aide et *Action* contre la *Toxicomanie* et l'usage de *drogue*
www.caat.online.fr/
Non à la *drogue*, Oui à la vie. L'*association* de *prévention* contre les
www.nonaladrogue.org/

Aux Etats- Unis :

http://www.al-anon-alateen-msp.org/pages/meetingsTuesdayStPaul.html

http://www.experienceproject.com/groups/Al-Alon-Support/214902

www.samhsa.gov

En Suède :

http://www.can.se/
Centralförbundet för alkohol- och narkotikaupplysning : En mycket omfattande sida med saklig information om alkohol och droger, färska nyheter, forskning och utbildningar på området.
«Association centrale pour l'alcool et autres drogues » : Un site très complet avec des informations factuelles sur l'alcool et les drogues, les nouvelles récentes, la recherche et de formation dans le domaine.

www.rns.se/
Riksförbundet för narkotikafritt samhälle
Association nationale pour une société sans drogue

http://www.rfhl.se/
Riksförbundet för hjälp åt narkotika- och läkemedelsberoende. Bra information om beroende av alla slag genom artiklar, nyheter och tidsskrift bland annat.
Association nationale pour aider. Une bonne information sur la dépendance à travers des articles, des nouvelles et des magazines, entre autres.

www.fmn.se/
Föräldraföreningen Mot Narkotika är en ideell organisation, vars huvudsakliga verksamhet i första hand riktar sig till anhöriga - föräldrar, syskon och kamrater. Vi förebygger genom information, föräldrasamverkan, kurser och direkta insatser i barnens närmiljö.

Association des Parents contre la drogue est une organisation à but non lucratif dont l'activité principale est principalement ciblée sur les familles - parents, frères et sœurs et leurs pairs.

http://fhi.se/
Statens folkhälsoinstitut
L´Institut national de Santé Publique
"En mycket gedigen sida där massor med bra information är samlad och enkel att hitta." Une page très vaste avec beaucoup de bonnes informations complètes et faciles à trouver. »

En Russie :

Нет Алкоголизму и Наркомании, Общественный Фонд (НАН)
Москва, 117449 Шверника ул., 10 а, тел. 126-04-51 (консультации), 126-34-75 (справочная), 126-55-24 (справки по регионам), факс: 310-70-76, email: rbfnan@got.mmtel.ru

«Орден спасения», Фонд помощи пострадавшим от наркомании
Москва, 119530, Стройкомбината пр., 4, тел./факс 441-00-34

«Освобождение от наркомании через образование, информацию, культуру и экологию», международный объединенный фонд.
Москва, 105203, Измайловский просп., 91, корп. 3, тел./факс 466-51-42

«Дети улиц», городской центр по профилактике безнадзорности, преступности, алкоголизма, наркомании и СПИДа среди несовершеннолетних.
Москва, 119034, Малый Левшинский пер., 1/32, строен. 3, тел. 201-76-91 (директор), 201-49-41 (бухгалтерия), 201-29-68 (методист), факс: 201-76-91, email: deti@mail.ru

Alors je pourrai dire

à la drogue

Pourquoi lui ?

Que tu aies 17 ou 22 ans…
Le racisme ne peut te laisser indifférent…

1- Intolérance de l'étranger : le racisme

Jim et Matthieu sont Place de la Mairie. Ils sont bons copains, en classe ensemble. Ils viennent de terminer les cours plus tôt, spécialement à cause du match d'aujourd'hui: France-Sénégal ! Le premier match de la coupe du monde et de la France avec tous leurs "héros" favoris, les mêmes qui les ont fait rêver quatre ans plutôt... Zidane, Pirès, Henry et les autres... çà c'est certain, çà va être le délire total !

Il faut dire, qu'il y a quatre ans, ils avaient fait très fort*: battre le Brésil en finale 3-0 !

Incroyable, imprévisible pour nos deux copains et pour tous les Français.

De plus, cette victoire avait redonné du baume au coeur* à la France entière, à un moment où l'économie n'allait pas très bien, où le chômage montait, etc...

Et surtout, cette victoire avait réunit "le" peuple français.

Oui, toutes les couleurs, toutes les ethnies, tous les idéaux confondus étaient derrière l'Equipe de France, et ce n'est pas rien... sa composition multiraciale n'a pas posé un problème, bien au contraire, ce sont tous les gamins de banlieue d'origine algérienne, sénégalaise, ivoirienne, arménienne... qui se sont reconnus derrière des Zidane, Thuram, Djorkaef etc...

C'était la victoire de la France "Black- blanc- beur" *!!!

Deux fans de foot

Jim est français d'origine sénégalaise, c'est un élève studieux, en première S* - il veut devenir médecin et aller travailler plus tard dans le pays où sont nés ses parents, pour aider ce pays où il va tous les trois ans, en vacances...

C'est une promesse à laquelle il tient trop ! Il l'a faite à sa mamie* adorée avant qu'elle meure, il y a deux ans. Plus tard, il voudrait donner quelques années de sa vie à ce pays qu'est le Sénégal et monter un hôpital avec "Médecins sans Frontières"*.

Oui, c'est un grand projet qui lui tient vraiment à coeur*... Pour sa grand-mère, pour son père et sa mère, pour qu'ils soient fiers de lui.

Et puis, il reviendra travailler en France, car c'est "son" pays.

Oui, il est français et se sent français comme tous ses copains de la cité, de classe, de foot etc... Il ne comprend pas trop ce que veulent dire les hommes politiques, dans les médias à propos d'intégration*. Lui, il ne voit pas de différence avec ses copains, il suit les mêmes cours depuis la maternelle, regarde les mêmes émissions à la télé, rêve des mêmes héros, fréquente les mêmes cyber-cafés, achète les mêmes journaux de foot et va voir les mêmes médecins quand il est malade!

Bref, exceptée sa couleur de peau qui lui vaut d'être un peu plus contrôlé que ses camarades dans le métro, rien ne lui permet de penser qu'il n'est pas un petit français comme les autres.

Matthieu, est un bon copain de Jim. Leur amitié s'est accrue depuis qu'ils sont dans la même classe mais surtout depuis que Matthieu est venu rejoindre Jim dans son club de foot. Une nouvelle relation s'est instaurée, empreinte de connivence, de complicité et de plaisir partagé.

Matthieu est le meilleur au foot et pourrait tenter une section "sport-études"*. Mais ses parents ne sont pas d'accord et voudraient qu'il passe son bac

d'abord...
Il choisira donc plus tard, à moins qu'un sélectionneur ne le repère* avant, car il est vraiment bon !

Bref, ils sont des fans de foot et ne manqueraient pour rien au monde la fête du premier match et les retrouvailles avec les"bleus", leurs héros nationaux, leurs porte-drapeaux...

"Le" match...

La Place de la Mairie est noire de monde, alors que nous sommes en pleine journée, en plein milieu de semaine...
Nos deux amis sentent leur coeur battre la chamade*, et l'excitation monter: ils sont dans la cour des grands* et vont vivre leur premier match en direct, devant cet écran géant, dans cette atmosphère de fête.
Il y a quatre ans, ils étaient trop jeunes, et n'avaient pu vivre la liesse collective qu'à travers la petite lucarne*...
Ils s'étaient sentis frustrés et avaient rêvé ce moment depuis ces quatre fois trois cent soixante cinq jours...
C'est dire le bonheur qui les porte aujourd'hui !
Beaucoup de jeunes, comme eux, sont venus assister au match, devant le grand écran.
Ils se sont tout peint le drapeau français sur le visage...
Une fille, en voyant nos deux copains sans maquillage, se précipite sur eux pour leur proposer de les maquiller.
Ils se regardent et acceptent tout de suite.
Elle sort sa palette "Bleu blanc rouge" et leur tartine*le visage, avec bonne foi.
Ils se regardent dans le petit miroir qu'elle leur propose: ils éclatent de rire.
Jim est tricolore et avec sa couleur "cacao" ça fait un effet "cool".
Ils sont heureux, ils sont dans l'ambiance...

La Marseillaise* résonne et sur l'écran défilent leurs idoles*, une par une et c'est un vrai délire collectif.
Tous hurlent le refrain dans un choeur chaotique et frénétique*.
Des larmes de joie coulent sur les joues de Jim.
C'est un trop grand bonheur pour lui d'être là devant son équipe, et de partager cette émotion avec cette foule.
Jamais il n'aurait pu imaginer avoir une telle sensation, éprouver autant de joie...

Le coup d'envoi est lancé et c'est parti, le match commence sous un déluge* d'applaudissements et d'encouragements...
Tous les yeux sont rivés* vers "le" grand écran, chacun y allant de son commentaire personnel sur la forme de tel joueur, ou les talents de tel autre ou bien encore des blessures d'un autre.

Ambiance qui dérape

Dans le public, l'atmosphère s'échauffe un peu, pour une occasion* manquée, puis pour deux...
Certains jeunes ont emmené avec eux, des cannettes* de bierre et les boivent les unes après les autres...
Ils se harcèlent * en plaisantant entre eux en s'envoyant des cannettes les uns sur les autres...
Rien de bien méchant, mais cela perturbe le jeu et dérange les gens à côtés qui sont parfois bousculés...
Un de nos joueur fait un "tacle" un peu limite* à un joueur sénégalais, l'arbitre sort un carton jaune, irrévocable.
Des insultes fusent aussitôt, contre les joueurs sénégalais...
On attend de moins en moins patiemment* un but des nôtres, de nos champions...
Mais le but ne vient pas et trois coups de sifflets retentissent, annonçant la fin de la première mi-temps.
Aussitôt, quelques jeunes, un peu enivrés par l'excitation ambiante et l'alcool, déçus, voire agacés par un jeu très désinvolte* de nos héros, se mettent à lancer des insultes à caractère raciste.
Là, çà n'amuse plus nos deux copains...

«Là, ils abusent», dit Matthieu.
«Ils font plus que çà... car ils en ont, non seulement après les Sénégalais mais aussi après tous les "blacks"», réplique aussitôt Jim.
«Je n'aime pas çà», ajoute Matthieu. « Ils ont des allures de "fachos", regarde les ... »
«Moi non plus çà ne me plait pas, mais mieux vaut ne pas faire attention à eux et les laisser se calmer entre eux et ne pas s'en mêler. J' ai pas envie d'avoir des ennuis», dit Jim avec calme mais un peu d'anxiété dans la voix.
«Mais tu n'entends pas ce qu'ils disent ? Ils sont odieux ; on ne peut pas les laisser dire çà, pas toi», crie Matthieu ! « Ils insultent tes frères*!!! »
« Ecoute, laisse tomber », insiste Jim. « Ils sont complètement "pétés"* et très nombreux ; ils vont se calmer dès qu'on* va mettre un but... »
« J'espère », dit Matthieu. « Car moi, je ne peux pas supporter, çà me gâche la fête... »

Et tout à coup, imprévisible, comme une flèche en plein coeur, un but sénégalais sans appel... vient frapper nos filets, direct, franc et plein de panache.
On le remontre au ralenti... Encore et encore... Il n'y a pas de doute, il est bien réel et ce n'est pas une hallucination.
C'est la consternation !

Le harcèlement

Personne n'y croit... Comment une telle chose a-t-elle pu se produire ?
La foule entière est abasourdie...
Mais il faut se reprendre et y croire...

Qui sont les champions du monde ?
D'autres jeunes, les mêmes qui insultaient les joueurs sénégalais, s'énervent et commencent à hurler de rage.
« A mort le Sénégal ! On va se les faire*... »
« Tu les entends, Jim », dit Matthieu.
« Oui », répond Jim. « Viens, on va plus loin, on va s'éloigner d'eux. »
Mais déjà un des groupes de jeunes, hyper excités et sautant dans tous les coins, s'est rapproché de nos deux copains et interpelle Jim.
« Et toi, le nègre*, tu ne te sens pas de trop parmi nous*? »
Matthieu répond à la place de Jim, pour éviter le conflit.
« Il est français comme vous et moi et... »
« On t'a pas sonné* le "blanc-bec*", on parle à ton négro de pote, il a perdu sa langue* ? » Coupe un des jeunes au crane rasé.
« Ecoute », répond Jim le plus calmement possible. «Je ne veux pas la bagarre .» Il sait très bien que l'autre ne cherche que cela.
« Je suis effectivement français, je suis né ici et mes parents travaillent en France depuis plus de vingt ans. Je suis d'origine africaine, oui c'est vrai... mais je ne vois pas où est le problème ... »
« Le problème », continue le jeune "tête rasée"*. « C'est que nous, on pense que t'as rien à faire là, que t'es pas français, et que t'es venu nous provoquer... »
« On est là comme toi pour soutenir la France et çà nous plait pas plus que toi de voir un point contre nous. Mais c'est le jeu ! » Rétorque Matthieu pour couper court à tout.
« Toi, tu te tais », hurle le "tête rasée". « Ou bien je t'éclate la tête ! C'est au nègre que je parle, et j'attends sa réponse. »
« Ecoute », réponds Jim de plus en plus énervé. « Tu en veux à tous les "blacks"*, car les Sénégalais nous ont mis un but. Je peux essayer de comprendre, mais ça ne t'autorise pas à m'insulter... je suis, comme toi, pour l'équipe de France, je te le rappelle ! »
« Non, mais vous l'entendez ! » hurle de plus en plus fort, le "crane rasé", en s'approchant de plus en plus près de Jim, sa bouteille de bierre à la main. « Pour qui tu te prends, t'as rien à faire ici et c'est tout... On ne veut plus de négro ici... C'est clair ? Et si tu veux pas comprendre, on va t'aider à sortir d'ici... »
« Laisse tomber*! » dit Matthieu. « On va plus loin, çà vaut pas la peine de se battre... »
« Eh ! Le "blanc-bec", et toi, le "négro" », relance le "crane rasé". « Vous avez la trouille... Vous voulez pas vous affronter à nous... Sale race de lâches *!!! »
« Maintenant ça suffit ! Tu arrêtes ! » s' énerve Jim en revenant sur ses pas...

« On s'en va plus loin, mais tu nous fous la paix*, c'est compris ? »
« Viens, je t'en prie », murmure Matthieu. « çà va mal finir ; ils sont trop nombreux... »
« Viens ! Je t'attends. » ironise le "crâne rasé"...
« Non », lui lance Jim. « On ne va pas te faire ce plaisir, tchao... »
« Tu reviens là, négro où t'es mort... »

Nos deux amis ne répondent pas et s'en vont de l'autre côté de la place. D'autres jeunes d'origine étrangère, ayant entendu la discussion, fuient également le coin, le groupe de têtes rasées étant de plus en plus haineux avec les gens de couleur*.
« Je te retrouverai ! Et je t'éclaterai ta sale face !!! » crie le "crâne rasé" à Jim.

L'amertume

La fête est gâchée. Pas seulement à cause du fait que la France est en train de perdre, non ! Mais surtout parce que cette journée se transforme en cauchemar, en histoire de mauvais roman. Jamais Jim n'avait été confronté* aussi durement au rejet, au racisme.
Jamais surtout, il n'avait vu autant de violence dans les yeux de quelqu'un.
Jamais il n'avait ressenti autant la haine d'un autre, contre lui.
Ces insultes, provocations, font froid dans le dos, effraient...
Cette fureur de l'autre est effroyable, elle rend fou-furieux sur le moment, puis elle vous glace les veines, elle vous paralyse...
Impression de peur, terrible à vous en donner l'envie de vomir...
Ensuite vient la question, l'inévitable question...
Pourquoi ?
Pourquoi Jim ?

Ni Jim ni Matthieu ne trouvent la réponse...
Qui peut d'ailleurs répondre?

"Mes jambes flagellent... je n'ai plus de force, il faut que je m'appuie quelque part ou bien que je m'asseye sinon, je vais m'écrouler... » murmure Jim.
« T'es tout pâle... » dit Matthieu. « Tu veux qu'on aille voir un médecin dans la tente de la croix rouge*? »
« Non, laisse tomber, ça va passer... » fait Jim en essayant d'esquisser un sourire... « J'ai tellement dû me contrôler, ne pas réagir et ne pas montrer que j'avais la "trouille"*, que maintenant mes nerfs lâchent*! » continue-t-il.
« Tu as super bien réagi finalement, » coupe Matthieu. « Avec ses mecs-là, il vaut mieux faire profile bas, pour s'en tirer sans égratignure*. »
« Non, je ne suis pas d'accord avec toi », soupira soudain Jim... « Car en nous taisant, en les laissant nous insulter, ce sont eux qui gagnent la partie de l'intolérance, la tête haute de tout cela. En nous effaçant, on leur laisse croire qu'ils ont raison, qu'on est de "trop"* dans cette société... Et ils vont s'enorgueillir* de tout cela et finir par gagner leur guerre de la haine. »

Le match se termine, sans grosse surprise pour nos amis.
Le Sénégal est victorieux...
La France a manqué son 1er match et Jim vit cet échec d'une manière particulière. C'est comme un signe, un mauvais signe...
Oui, la France multicolore, la France "black, blanc, beur" vient de perdre.
C'est comme si l'élan de tolérance, de bien-être, venait d'être balayé d'un coup.
L'altercation verbale avec les têtes rasées ne vient que confirmer cette idée de nouvelle étape, de fête terminée, de rêve gâché.
Vient de se tourner la dernière page du grand livre de l'espoir, ouvert quatre ans plus tôt...

Le déchaînement

La foule se dirige vers les différentes sorties de la Place de la Mairie, vers les arrêts de bus et stations de métro.
Tous commentent ce score, dont personne n'est fier. C'est une très grande déception, pour tout le monde.
Au moment de quitter la place, le jeune "tête rasée" se retrouve à cinq mètres de nos amis et les appelle.
« Eh ! Les deux "gazelles". On se tire sans dire au revoir ? »

« Ne lui réponds pas », souffle Jim à Matthieu.
« Mais vous allez pas vous sauver comme çà », hurle le jeune tout en lançant une cannette de bière dans la direction de Jim.
« Vous arrêtez çà tout de suite », lui impose un jeune policier, alerté par les hurlements du jeune. «Vous avez vos papiers d'identité ? »
« Mais oui bien sûr, Monsieur l'agent », répond le jeune, tout mielleux*. Il les montre pendant qu'un groupe d'une dizaine d'autres "têtes rasées" rejoignent le policier et le jeune interpelé.
« Bon, tout est en ordre », dit le policier en redonnant les papiers. « Je vous conseille de laisser ces deux jeunes rentrer tranquillement chez eux et de vous diriger vers une autre direction, et on en reste là. OK ? »
« Nous, bons français, devons détourner notre chemin pour ces deux n... » grogne sans ménagement le jeune excité.
« Ecoutez, mes collègues arrivent et on règle votre cas avec mon supérieur », commence à s'énerver le policier sans trop de conviction, vu le nombre de "têtes rasées".
« Non, Monsieur l'agent », fait doucement le jeune. « ce n'est pas nécessaire. Je suis agacé par les résultats... Je suis déjà calmé, c'est promis... »
« Bon, que je ne vous vois plus traîner par ici, et pas d'embrouille*... »
« Oui, oui », hurle déjà loin, le groupe de jeunes en faisant mine* de ne pas aller au même endroit que Jim et Matthieu.

Cinq minutes plus tard, sur le quai du métro, le groupe a retrouvé Jim et Matthieu...
Il n'y a pas d'issue de sortie.
Un métro arrive, Jim et Matthieu essaient de s'engouffrer, mais les gens, effrayés, se ruent dans les wagons, bousculant nos deux amis, aussitôt rattrapés par le groupe.
Le regard de Jim va des portes des wagons qui se ferment… à Matthieu… au groupe d'excités.
Tout est allé si vite et semble pourtant tourner au ralenti...
Matthieu se rapproche de Jim.
Il est tout blanc, mais lance un regard étincelant à son pote de toujours, les points serrés, prêt à faire face, en chuchotant.
« T'inquiète pas, il faut tenir jusqu'au prochain métro, et juste parer les coups... çà va aller frangin *? »
« J'en sais rien, mais je suis dégouté... Tu as vu les gens ? ... Ils se sont tous enfuis ! Mais je vais pas me laisser faire... »
« Alors ! » nargue le jeune "tête rasée". « On fait toujours le "malin", le négro? » Et il lui lance un énorme coup en pleine mâchoire.

Jim n'a pas le temps de parer le coup mais Matthieu fonce sur le jeune, aussitôt arrêté par un coup de pied de karaté d'un autre "tête rasée"...
Jim a le nez en sang et ne comprend pas ce qui lui arrive. Il n'a pas vu le coup partir.
Le jeune "tête rasée est rouge d'excitation, et ses yeux semblent lancer des couteaux...
Il lance un second coup dans le ventre, puis fonce sur Jim, qui est déjà plié en deux en hurlant.
Quand Jim essaie de se relever, il reçoit un coup en pleine tête, puis deux, puis trois.
Le jeune "tête rasée " est comme enragé et ne s'arrête pas.
Jim est à terre et tous viennent, chacun leur tour s'acharner sur lui, à moitié inconscient.
Quand Matthieu essaie de nouveau d'intervenir, pour sauver son ami de ces sauvages*, c'est toute la bande qui lui tombe dessus et le jette à terre.
Il est terrifié, il ne voit plus rien ; les larmes et les filets de sang s'emmêlent.
Il est tenu à terre face contre le sol par deux jeunes.
Pendant le même temps, il entend Jim crier à l'aide.
« Tais-toi », hurle le chef de la bande et continue à lui donner des coups. « Je vais te faire la peau*... »
Puis plus rien, plus de gémissements, plus de bruits de coups...
« C'est bon », dit le chef de bande. « Il a son compte, on se "casse" d'ici*... »

Ils lâchent Matthieu et s'enfuient, alors que le métro entre en station.
Matthieu appelle Jim, qui ne répond pas...
Matthieu sent le sang se glacer dans ses veines, tout en se retournant et essayant de se relever.
Le spectacle est effrayant, et Matthieu manque de vasciller devant l'indescriptible. Il ne pouvait imaginer pareil sadisme.
Tout son corps lui fait mal, mais il se précipite vers son ami, gisant, inerte, dans une marre de sang, tuméfié de partout.
« Jim, c'est fini... ils sont partis, tu peux te relever... Jim ! Mon frère ! Répond ! » hurle comme un désespéré Matthieu. « Je t'en supplie, ouvre les yeux, accroche-toi ! »
A bout de force et sous le choc, il s'évanouit près de son ami, en criant encore une fois « Jim, réveille toi... »
Des gens sortent des wagons et s'approchent. L'un d'entre eux appelle le chef de station et un médecin.
Mais Jim ne bouge pas.
Jim ne répond pas.

Jim n'entend plus.

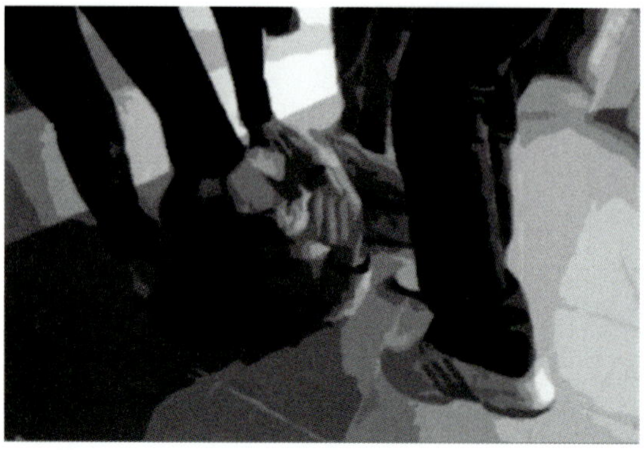

Le réveil...

Matthieu ouvre les yeux et voit un plafond tout blanc, des infirmières et des gens qu'il ne connait pas.
Aurait-il rêvé ? Oui, bien sûr, ce n'est qu'un sale rêve dû à tout ce qu'on entend à la télé...
Mais quand il veut se relever, il se sent tout ankylosé*.
« Où est Jim », dit-il avec angoisse...
Un homme s'approche de lui et s'assoit sur son lit, tout près de lui.
« Bonjour, Jim... Je suis l'inspecteur Martel. Une ambulance t'a amené hier soir, et tu as dormi tout ce temps. J'ai parlé au médecin et il m'a dit que tu n'avais que quelques contusions et rien de grave. Tu pourras sortir après-demain...
Tu t'en tires bien... »
« Et Jim, où est-il ? Répondez-moi, où est-il ? Dites moi ce qu'il a, lui ! »
« Ecoute, il va falloir être courageux... »
« Non ! » hurle Matthieu. « Non, ne me dites pas que... »
« Calme-toi », lui dit doucement une infirmière en s'avançant vers lui... « Ton ami est à l'étage du dessus... »
« Alors il est vivant ! ... »
« Oui, Matthieu. Mais, il n'est pas très en forme... En fait, il est dans le coma et on ne sait pas encore si son cerveau est très endommagé* ou pas, nous attendons les résultats. Il faut donc garder espoir... »
« Et il va falloir encore attendre longtemps ? » demande Matthieu... « Et c'est tout ? »

« Et bien non. Il a reçu de très mauvais coups dans la colonne vertébrale et... il ne pourra plus jamais se servir de ses jambes. »
« Quoi ? » s'excite de nouveau Matthieu. « Mais vous vous trompez, ce n'est pas possible, pas lui. Vous verrez, il est trop fort. Il va se relever, avec sa volonté de fer... »
« Non, Matthieu. A moins d'un miracle... Il va falloir te faire à cette idée et bien l'entourer quand il va se réveiller. »
« Mais c'est trop injuste... » pleure Matthieu. « Pourquoi lui. Pourquoi ? Il faisait de mal à personne... bon sang* ! C'est de ma faute, j'aurais dû plus le défendre, et il n'en serait pas là... »
« Alors, maintenant, tu arrêtes, ce n'est pas de ta faute. Tu as fait ce que tu as pu. Par contre, tu ne devais pas être tout seul dans le métro... » interroge l'inspecteur.
« Vous allez les retrouver, ces jeunes, ces malades de "têtes rasées", hein ! Vous me jurez, vous allez les arrêter ?
« On va tout faire... Mais tu vas nous aider. Tu vas venir faire ta déposition dès que tu sors de l'hôpital, et on lancera un appel à témoins, mais tu sais... çà n'est pas gagné. »
Et l'inspecteur quitte la chambre en saluant bien chaleureusement Matthieu, en lui promettant de tout faire pour retrouver les jeunes...
« Pourquoi lui ? » pleure Matthieu en sanglotant, seul dans sa chambre. « Pourquoi ? »

Pourquoi ?

Jim a été battu à mort, parce qu'il n'est pas né avec la bonne couleur de peau.
Jim est la victime comme beaucoup d'autres de l'incompréhension, de l'intolérance, de la haine raciale.
Jim a été victime de sa différence et de l'indifférence des autres.

2 - Guide linguistique:

Introduction:

"fait très fort": ont réussi une très bonne performance;

"baume au coeur": expression qui veut dire que cela fait du bien au moral

"black-blanc-beur": qui souligne les différentes origines des champions du Monde: africains (blacks), européens (blancs), maghrébins (beur: qui veut dire arabe en langage des jeunes).

Deux fans de foot:

"1ère S" deuxième classe au lycée, appelée première, juste avant le Bac. "S" est une section plus accentuée sur les mathématiques, les sciences physiques et la chimie.

"mamie": grand-mère

"M.S.F": Association non gouvernementale de médecins qui acceptent d'aller aider les pays qui ont besoin de leurs compétences, contre un petit salaire.

"tient vraiment à coeur": qui a une très grande importance.

"intégration": mot très en vogue qui veut dire bonne acceptation des deux parties, du jeune étranger et du pays d'accueil, par une bonne scolarité, un

bon travail...
"repéré avant": remarqué avant longtemps.

"Le" match:

"coeur battre la chamade": coeur qui bat très vite à cause de l'émotion, qui vibre !
"cour des grands": dans la société des adultes
"petite lucarne": mot familier pour dire la télévision
"La Marseillaise": Nom de l'hymne national français
"idoles": champions vus comme des stars, comme des dieux
"frénétique" : excité, passionné.
"déluge": une quantité incalculable, énorme d'applaudissements.
"rivés": fixés avec attention.

Ambiance qui dérape:

"occasion manquée": un but qui aurait pu être marqué.
"cannettes": petites boîtes en fer remplaçant les bouteilles.
"se harcèlent": se chamaillent, se disputent un peu, par jeu.
"un peu limite": un peu en dehors de la normalité
"patiemment": avec beaucoup de calme
"jeu désinvolte": jeu sans conviction, jeu pas très concentré
"tes frères": ici, signifie, frères car de la même couleur, même origine africaine.
"qu'on": personnalisation, assimilation à l'équipe de France, comme s'ils jouaient eux-mêmes le match

Le harcèlement:

"on va se les faire": on va leur faire passer un mauvais moment
"le nègre": insulte raciale car, dénigrement lié à la couleur, passible de poursuites judiciaires en France
"parmi nous": ici veut dire parmi les blancs, au milieu des blancs français...
"on t'a pas sonné": expression qui veut dire on ne t'a rien demandé, on ne t'a pas appelé
"perdu sa langue": il n'a plus de langue pour parler, il ne sait plus parler
"blacks": expression qu'emploient les jeunes pour parler de la communauté

noire.

"laisse tomber": n'insistes pas, laisse faire, ne prêtes pas attention

"lâches": peureux, qui fuient le danger

"tu nous fous la paix": tu nous laisses tranquilles

"gens de couleur": expression employée en France pour parler des autres communautés sans donner de caractère racial

L'amertume:

"confrontés": mis face à la réalité de ...

"tente de la croix rouge": à chaque grand rassemblement, la croix rouge ou d'autres organismes mettent en place des structures pour accueillir les éventuels malades ou blessés, en prévention.

"les nerfs lâchent": la tension nerveuse se relâche, retombe

"sans égratignures": sans trop de mal, sans problèmes

"s'enorgueillir": être fier de quelque chose et le faire savoir autour de soi

Le déchaînement:

"mielleux": idée de miel, de quelqu'un qui colle, qui se force à être très agréable, trop pour être sincère

"embrouille": terme très familier pour dire problème

"faisant mine": faisant semblant, faisant comme s'il n'avait rien entendu

"frangin": expression affective de frère. Ici, elle accentue les liens très forts entre les deux amis, comme s'ils étaient frères

"sauvages": en comparaison avec des animaux qui n'ont pas de raison, de réflexion. Fous comme des animaux sauvages

"te faire la peau": expression très dure qui veut dire te mettre K.O

"on se casse d'ici": expression très usuelle chez les jeunes, qui veut dire, on s'en va, on fiche le camp

Le réveil:

"ankylosé": avec beaucoup de courbatures, comme si le corps était encore endormi

"endommagé": avec beaucoup de blessures graves, irréversibles

"bon sang": expression d'exclamation, de révolte parfois ou de surpris

3 - Guide documentaire de l'élève :

a) Propositions de réflexion (personnelle) et de discussion en classe :

- Lis le texte intégralement avec ton enseignant et repère les mots que tu ne connais pas.
- Peux-tu décrire en quelques lignes ou quelques mots, la personnalité de Jim, puis de Matthieu.
- Que penses-tu de ces deux jeunes garçons et de leur idéal de vie ?
- Que penses-tu de l'ambiance qui règne en début de match ? Aurais-tu eu envie d'y participer aussi, pour encourager l'équipe de ton pays ?
- As-tu toi aussi un sentiment très fort d'appartenance à ta patrie, nation, lors d'un match de foot ou hockey ?
- Pourquoi l'ambiance, dans l'histoire, dégénère ? Est-ce que cela pourrait arriver dans la réalité ? Pourquoi selon toi ?
- Pourquoi les jeunes « têtes rasées » sont-ils en colère ?
- Le sont-ils seulement contre Matthieu et Jim ? Contre qui ou quoi luttent-ils ?
- Qu'en penses-tu ? Est-ce selon toi une réaction naturelle qu'il faut essayer de chasser ? D'où vient-elle ?
- Que dire de la fin de l'histoire ?
- Que faut-il faire pour éviter cela ? Selon toi ?

- Sais-tu à qui demander de l'aide ?
- As-tu déjà été témoin de ce genre de « discrimination » ? Quelle a été ta réaction ?
- As-tu des camarades de classe, des amis, qui sont d'origine étrangère ?
- Sont-ils bien intégrés ou pas ? Ressentent-ils cette différence, indifférence des autres ?

b) Proposition d'informations :

Qu'est-ce que le Racisme ?

Définition du dictionnaire français, Le Petit Robert:
"Théorie de la hiérarchisation des races, qui conclut à la nécessité de préserver la race supérieure de tout croisement et à son droit de dominer les autres. Le racisme n'a aucune base scientifique."

Qu'est-ce que la « discrimination raciale » ?

C'est une atteinte au principe d'égalité qui dit que " les hommes naissent et demeurent libres en droit"
Art.1 de la Déclaration des Droits de l'Homme et du Citoyen en 1789.

- à chaque fois qu'il y a distinction à cause de l'origine ou l'appartenance à une etnie, une nation, une race ou région déterminée.
- à chaque fois que pour ces raisons, il y a atteinte au respect du droit, de l'honneur et de la dignité de ces personnes.

Qu'est-ce que le Racisme aujourd'hui ?

Le Racisme n'est pas un phénomène nouveau (esclavage dès l'antiquité, shoah, apartheid en Afrique du Sud,...) et a existé plus ou moins tout au long de notre histoire.
Pour le comprendre aujourd'hui, dans nos démocraties, il faut souvent se souvenir que c'est la différence de l' "autre", qui n'a pas la même culture, habitude de vie, couleur de peau qui nous fait ne pas comprendre, nous méfier, voire rejeter.
Cet "autre" est d'autant plus différent, voire "rabaissé" qu'il est originaire des pays qui étaient sous notre protectorat ou domination (Maghreb et Afrique noire pour la France, Inde et Pakistan pour l'Angleterre, Tchéchènie pour la Russie

Quel Racisme au quotidien ?

Nous vivons dans des pays où les actes de Racisme sont punis par la loi, mais où de nombreuses pratiques sociales - c'est-à-dire des habitudes, des

comportements, des attitudes) influencent nos relations avec les autres.
Ce qui caractérise le racisme aujourd'hui, c'est qu'il ne se voit pas clairement, ne se manifeste pas ou bien rarement au travers d'un discours, ouvertement raciste.
Le racisme aujourd'hui, est un racisme souterrain caché et diffus, qui n'est pas expressément revendiqué par les personnes qui le pratiquent.
Lorsque les choses ne sont pas dites ouvertement, elles sont "implicites".
Ce racisme "indirect", nouvelle manière est bien plus, voire très dangereux, car il ne se donne pas à voir.
Son manque de visibilité a facilité son accroissement et l'a rendu banal, presque normal.
C'est ainsi qu'il est devenu presque légitime.
Cette légitimation, banalisation de ce racisme conduit à l'idée que ces théories ou pratiques sont acceptables car moins graves qu'un affrontement direct, plus physique, et souvent plus médiatique.
De nombreux enfants, collégiens, lycéens et adultes en sont victimes.

Que peut-on faire?

1-Les lois: Dans chacun de nos pays, il existe des lois luttant contre les actes de racisme et discrimination, qu' il serait intéressant d'étudier.
2-L'éducation civique: La culture et la mémoire inculquées à l'école ou ailleurs, aident aussi à faire réfléchir et reculer le racisme.
Quand on étudie les horreurs vécues par le passé, on peut éviter quelles ne se reproduisent dans le présent et le futur.
3-Aider les camarades victimes d'actes racistes en leur indiquant les noms d'associations luttant contre les discriminations, pour leur faire connaitre leurs droits.
4-Organiser une journée d'informations dans ton école le jour international contre le racisme décidé par l'ONU, le 21 mars de chaque année.

c) Quelques exemples dans la presse

Nicole Cabret - Le Monde **GRENOBLE** *de notre correspondante* **A Grenoble, un employeur comparaît en correctionnelle pour discrimination raciale à l'embauche** *« Il m'a dit : »Je ne veux pas de bicot, pas de bougnoule, pas de pot de yoghourt«. »* Cette déposition de Mohamed Lahcine, chargé du recrutement à la Mission locale pour l'emploi de Grenoble contre Roland Lafay, trente-neuf ans, dirigeant d'une entreprise de vingt-six salariés spécialisée dans l'agencement de magasins, a permis à SOS Racisme d'engager, lundi 6 mars, devant le tribunal correctionnel de Grenoble, un procès pour discrimination raciale à l'embauche. *« Pour la première fois, un conseiller* *chargé du recrutement rompt la loi du silence »,* a assuré le vice-président de l'association, Samuel Thomas. Six mois plus tôt, Farid, un Marocain de vingt-quatre ans, s'était présenté auprès de la SARL Mileguy, située à Noyarey, près de Grenoble, pour un emploi d'aide-menuisier. Alors que, selon M. Lahcine, le jeune garçon correspondait au profil du poste, il essuie un refus de la part de l'employeur. *« Il m'a dit rechercher quelqu'un de qualifié»,* explique Farid. Il ajoute : *« J'ai ressenti qu'il s'agissait d'un prétexte .»* De retour à la Mission locale, Farid va voir M. Lahcine qui appelle l'employeur pour connaître ses motifs. Il branche le haut -parleur, *« pour des raisons pédagogiques »*, dit-il. C'est alors que M. Lafay aurait tenu les propos qui sont à la base des poursuites. *« Je l'ai prévenu qu'il tombait sous le coup de la loi, mais il m'a répondu qu'il n'en avait rien à foutre, et qu'il voulait des Paul et des Rémi, des bien français »,* précise M. Lahcine. Question du président Gérard Dubois au prévenu : *« Avez-vous prononcé ces propos ? ».* Réponse de l'intéressé : *« Pot de yoghourt ! C'est absurde, je ne vois pas comment j'aurais pu dire cela. J'étais en voiture quand M. Lahcine m'a appelé sur mon portable. Je roulais vite. »* Le président insiste. *« Sous le coup de l'énervement, avez-vous pu dire cela ? ». « »Je veux des Paul et des Rémi«, ça oui, ça a pu effectivement partir. » « Et le reste ? »* Bredouillement : *« Ce n'est pas impossible, mais il n'y avait pas d'intention. Je ne suis pas raciste. J'ai trois salariés d'origine maghrébine dans l'entreprise. »* Retour au cas de Farid. *« Il ne correspondait pas au poste »,* s'entête M. Lafay, qui dit avoir passé une annonce d'aide-manutentionnaire *« pour ratisser large ». « En fait, je recherchais un jeune avec une expérience en menuiserie, ce qu'il ne possédait pas. »* Et d'ajouter : *« Les embauches se font plutôt au feeling. »* **« TESTING TÉLÉPHONIQUE »** Un mois plus tard, même décor. Le poste n'étant toujours pas pourvu, SOS Racisme réalise avec trois volontaires, dont Farid, un « testing téléphonique ». Le premier candidat, répondant à un nom d'origine maghrébine, sans qualification, se fait éconduire par M. Lafay. Le second, également d'origine maghrébine, qui fait état d'une expérience dans le domaine de la menuiserie, s'entend demander de rappeler dans trois semaines, alors que le dernier, sans expérience, mais répondant à un nom bien français, se voit offrir un rendez-vous dans les heures qui suivent. *« C'est une machination organisée pour obtenir a posteriori des preuves »,* a critiqué la défense. Le parquet a requis *« une condamnation pour l'exemple »* d' *« au moins deux mois avec sursis et 20 000 francs d'amende »*. Farid n'a pas entendu le procureur. Il avait quitté l'audience pour se rendre au travail qu'il a trouvé depuis lors, comme livreur. Jugement le 20 mars. Nicole Cabret - *Le Monde daté du mercredi 8 mars 2000*

Racisme : Monoprix fait son mea culpa

Monoprix a exprimé ses « regrets officiels » pour la discrimination raciale dont avait été victime une vendeuse noire dans un de ses magasins marseillais et a

proposé de la dédommager pour le préjudice moral, a indiqué hier l'avocat de la plaignante, Me Alain Lothe. Un accord a été trouvé entre Monoprix et Yvette Orville qui a accepté, tout comme SOS Racisme, de retirer sa plainte avant la comparution, devant le tribunal correctionnel de Marseille (audiencée le 8 juillet), du directeur du magasin ainsi que des responsables de rayon, a précisé Me Lothe. Yvette Orville, 36 ans, s'était présentée le 18 décembre 1998 dans un supermarché Baze, enseigne du groupe Monoprix, pour animer un stand de fromagerie pendant deux jours, comme le prévoyait son contrat avec une société d'animation. Quelques minutes après sa prise de fonctions, elle avait été congédiée par la
responsable du rayon qui avait estimé qu'elle « ne correspondait pas, en raison de sa couleur de peau, à l'image du rayon ».
Monoprix « a pris l'initiative de proposer un accord à l'amiable », a souligné hier Me Lothe en lisant à la presse la lettre d'excuses adressée par le groupe à sa cliente. Le montant du dédommagement n'a pas été communiqué. L'avocat réclamait 50 000 F de dommages et intérêts.

d) Quelques associations pour t'aider

En Corée :

http://www.migrantok.org/
한국외국인력지원센터
(Korea Migrant's Center)

En France :

LICRA
www.licra.org/
SOS *RACISME* .org | Touche pas à mon pote ! *www.sos-racisme.org/*
Associations de *lutte contre le racisme* - AgoraVox le média citoyen
www.agoravox.fr

En Suède :

www.centrummotrasism.nu/
Centrum mot rasism
är en ideell paraplyorganisation som arbetar mot rasism, diskriminering, främlingsfientlighet, homofobi, antisemitism, islamofobi, antiziganism och afrofobi.
Centre Contre le Racisme est une organisation **faîtière** à but non lucratif qui travaille contre le racisme, la discrimination, la xénophobie, l'homophobie, l'antisémitisme, l'islamophobie, de l'anti-tziganisme et afro-phobie.

www.umr.nu/
Ungdom mot rasim
La jeunesse contre le Racisme
www.sverige**motrasism**.nu
Sverige mot rasism: Immigrant Institutet drivs som en idéell organisation. Nätverk mot rasism. Nätverket mot rasism **...**
« La Suède contre le racisme »: « Institut Immigrant » est géré comme un organisme sans but lucratif. C'est un « Réseau » (nätverk) contre le racisme.
(Immigrant-institutet :

En Russie :

«Антифашистское молодежное действие», межрегиональное движение

Москва, 123154, а/я 37, тел. 191-60-86, 946-33-56, 946-33-59 доб. 107, факс: 191-60-68
www.antifa.cdb.net
email: antifa@iet.ru

Московская группа содействия выполнению Хельсинских соглашений (Хельсинская группа)

Москва, 103045, Большой Головин пер., 22, строен. 1, тел. /факс 207-60-69 (Приемная), 207-12-95
email: mhg@glasnet.ru <mailto:mhg@glasnet.ru>

Alors je pourrai dire

au racisme

Myriam Marc-Germain, mère de trois garçons, est née il y a 47 ans, en France.

Apres avoir fait des études universitaires à la Sorbonne, elle a commencé sa carrière professionnelle comme professeur d'histoire-géographie dans des établissements parisiens.

Son goût des voyages, des contacts internationaux et choix familiaux la mènent en Suède, en Russie et en Corée, où elle s'installe et travaille à chaque fois pendant quelques années.

Les rencontres avec des jeunes de ces différents pays lui inspirent l'écriture des romans qui sont présentés dans ce volume.

Apres avoir passé un moment heureux avec les étudiants de HUFS (Université Hankuk des Etudes Etrangères), elle enseigne actuellement à l'Université Sookmyung de Séoul.